Taco Fiesta: En reise gjennom s tacos

Oppdag kunsten å lage taco med over 100 uimotståelige oppskrifter

Ludvig Lie

CW01472243

Opphavsrettsmateriale ©2023

Alle rettigheter reservert

Uten korrekt skriftlig samtykke fra utgiveren og opphavsrettseieren, kan ikke boken hans brukes eller distribueres på noen måte, form eller form, bortsett fra korte sitater brukt i en anmeldelse. Denne boken bør ikke betraktes som en erstatning for medisinsk, juridisk eller annen profesjonell rådgivning.

INNHOLDSFORTEGNELSE

INTRODUKSJON

Velkommen til "Taco Fiesta: A Culinary Journey Through Flavorful Tacos"! Denne kokeboken er en feiring av den elskede meksikanske retten som har fanget hjertene og smaksløkene til matentusiaster over hele verden. Gjør deg klar til å legge ut på et fristende eventyr mens vi utforsker tacoens mangfoldige verden, fra tradisjonelle klassikere til innovative fusion-kreasjoner.

I denne kokeboken har vi samlet en samling av over 100 uimotståelige tacooppskrifter som tar smaksløkene dine med på en spennende berg-og-dal-banetur. Fra sydende taco i gatestil til gourmetvarianter og vegetariske herligheter, hver oppskrift er omhyggelig laget for å få frem de livlige smakene, teksturene og aromaene som gjør tacoen virkelig eksepsjonell.

Enten du er en erfaren kokk eller en nybegynner på kjøkkenet, er denne kokeboken laget for å inspirere og veilede deg gjennom kunsten å lage taco. Hver oppskrift er ledsaget av klare instruksjoner, nyttige tips og livlige fotografier som vil lokke sansene dine og gjøre din kulinariske reise desto mer herlig.

Så grip forkleet ditt, fyll opp med tortillas, og la "Taco Fiesta" være din guide til å lage uforglemmelige taco-fester for familie og venner. Gjør deg klar til å heve tacospillet ditt og fylle måltidene dine med en fiesta av smaker. La oss dykke inn i tacoens verden og begi oss ut på et kulinarisk eventyr uten like!

1. Rester av kyllingtaco

Gjør: 2

INGREDIENSER:
- 2 kopper kokt, strimlet kylling
- 1 kopp tomatillosalsa
- 2 ss olje
- 1 hvitløksfedd, presset
- 500 gram svarte bønner, kokt og avrent
- $\frac{1}{4}$ teskje salt
- 4 tortillas
- 1 avokado, i skiver

BRUKSANVISNING:
a) Kast kyllingskinnet ved å trekke kjøttet fra det.
b) Varm salsaen og kyllingen i en stor stekepanne på middels lav varme.
c) I mellomtiden, i en middels stekepanne, varm olje og kok opp hvitløk og bønner.
d) Tilsett salt og $\frac{1}{2}$ kopp vann. Knus bønnene med baksiden av skjeen for å få en kremet blanding. Fjern fra varme.
e) Varm tortillaene og legg deretter til kylling, og topp med avokado, salsa, koriander, limebåter og din refried beans-blanding.

2. Slow Cooker Kylling Tacos

INGREDIENSER:

- 2 pund kyllingbryst eller lår
- 8 stk økologiske eller vanlige tortillas
- 1 kopp økologisk eller hjemmelaget salsa
- $\frac{1}{2}$ kopp vann
- 2 ts malt spisskummen
- 2 ts chilipulver
- 1 ts hvitløkspulver
- 1 ts malt koriander
- $\frac{1}{4}$ ts kajennepepper (mer for mer varme)
- $\frac{1}{2}$ ts havsalt
- $\frac{1}{4}$ teskje svart pepper
- Pålegg: Friskhakkede grønnsaker etter eget valg, fersk koriander, oliven, avokado, fersk salsa, limeskive etc.

BRUKSANVISNING:

a) Ha kyllingbitene i saktekokeren sammen med vann, malt spisskummen, chilipulver, hvitløkspulver, malt koriander, cayennepepper, salt og pepper. Bland for å belegge kyllingen.

b) Kok i 4 til 5 timer på høy.

c) Fjern kyllingen og riv den i strimler. Gå tilbake til saktekokeren og stek i ytterligere 30 minutter.

d) Server kylling i tortillawraps og legg til salsa og pålegg etter eget valg.

3. Sitrus- og urtekyllingtaco

Gjør: 12 tacos

INGREDIENSER:
TACOS
- 6 kyllinglår, med skinn
- 3 kyllingbryst, med skinn
- 2 lime, skall og saft
- 2 sitroner, skall og saft
- 1 kopp blandede friske urter
- ¼ kopp vermouth eller tørr hvitvin
- ¼ kopp olivenolje
- 1 ts spisskummen, ristet
- 1 ts koriander, ristet
- 1 ts hvitløk, finhakket

GARNER IDÉER:
- Plukket Cilantro Lime kiler reddik fyrstikk
- Salat julienned (spinat, isberg, smør eller kål)
- Pico de Gallo
- Revet ost
- Rømme
- Syltet varm paprika

Å SETTE SAMMEN
- 12 mel tortillas

BRUKSANVISNING:
TACOS

a) Kombiner alle ingrediensene og la kyllingen marinere i minst 4 timer.

b) Grill kyllingen med skinnsiden ned på grillen først.

c) Når den er avkjølt nok til å håndtere, hakk den grovt.

Å SAMLE TACOENE

a) Ta to tortillas og ha ca en ¼ eller kylling i hver og topp med ønsket garnityr.

b) Server svart bønne- og rissalat sammen med taco.

4. Kremet kylling og avokado taco

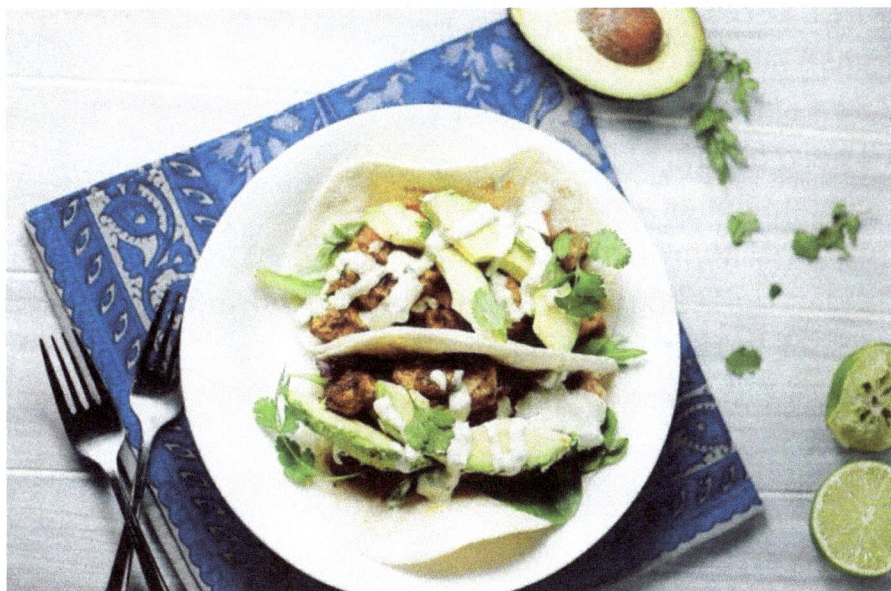

Gjør: 1 porsjon

INGREDIENSER:

- 1 unse moden avokado
- 2 ss fettfattig naturyoghurt
- 1 ts sitronsaft
- Salt og pepper
- Få salatblader strimlet
- 1 sjalottløk eller 3 vårløk, trimmet og skjært i skiver.
- 1 tomat kuttet i terninger
- En kvart pepper, finhakket
- 2 tacoskjell
- 2 gram stekt kylling, i skiver

BRUKSANVISNING:

a) I en liten bolle mos, avokadoen med en gaffel til den er jevn. Tilsett yoghurt og sitronsaft og rør til det er blandet. Smak til med salt og pepper.

b) Bland sammen salat, sjalottløk eller vårløk, tomat og grønn eller rød paprika.

c) Varm tacoskjellene under en moderat grill i 2 til 3 minutter.

d) Fjern dem og fyll med salatblandingen. Topp med kyllingen og skje over avokadodressingen. Server umiddelbart.

5. Kylling mais taco med oliven

Gjør: 1 porsjon

INGREDIENSER:
- ⅔ kopp Pluss 2 ss. kokt kyllingbryst; makulert
- 1 pakke Taco krydderblanding
- 3 gram hermetisk mais i meksikansk stil; drenert
- 4 Tacoskjell eller meltortillas
- ⅓ kopp Pluss 1 ss. salat; makulert
- ½ middels tomat; hakket
- 1 ss Pluss 2 ts skivede modne oliven
- 1 unse revet cheddarost

BRUKSANVISNING:
a) Kombiner kylling- og tacokrydderblandingen i en stekepanne på middels høy varme.

b) Tilsett mengden vann som er angitt på pakken for tacofylling. Kok opp. Reduser varmen til middels.

c) La det småkoke i 5-10 minutter, rør av og til, eller til vannet er fordampet. Rør inn mais og kok til den er gjennomvarmet.

d) Varm i mellomtiden tacoskjell eller tortillas som anvist på pakken. Fyll hvert skall med ¼ kopp kyllingfyll.

e) Topp hver med salat, tomat, oliven og ost.

6. <u>Kylling chili Verde tacos</u>

Gir: 4 porsjoner

INGREDIENSER:
- 3 kopper revet kål
- 1 kopp fersk koriander -- lett pakket
- 1 kopp grønn chilisalsa
- 1 pund beinfrie kyllingbryst uten skinn
- 1 ts salatolje
- 1 kyllingbryst uten bein uten skinn -- skåret i skiver i lengderetningen
- 3 fedd hvitløk - finhakket
- 1 ts Malt spisskummen
- $\frac{1}{2}$ ts tørket oregano
- 8 meltortillas
- Redusert fett eller vanlig

BRUKSANVISNING:
a) Kombiner kål, koriander og salsa i en serveringsfat; sette til side.

b) Skjær kyllingen på tvers i $\frac{1}{2}$-tommers brede strimler. I en 10 til 12 tommers nonstick stekepanne over middels høy varme, rør olje, løk og hvitløk i 2 minutter. Øk varmen til høy, tilsett kylling og rør ofte til kjøttet ikke lenger er rosa i midten, 4 til 6 minutter.

c) Tilsett spisskummen og oregano; rør i 15 sekunder. Ha i serveringsfat. 3.

d) Pakk tortillas inn i et kledehåndkle og stek i mikrobølgeovn på full effekt til de er varme, ca. $1\frac{1}{2}$ minutt. Ved bordet helles kål- og kyllingblandingene inn i tortillaene.

7. Chicken Cheddar Charred Corn tacos

Gjør: 1 porsjon

INGREDIENSER:

- ⅔ kopp Pluss 2 ss. kokt kyllingbryst; makulert
- 1 pakke Taco krydderblanding
- 3 gram forkullet mais
- 4 Tacoskjell eller meltortillas
- ⅓ kopp Pluss 1 ss. salat; makulert
- ½ middels tomat; hakket
- 1 ss Pluss 2 ts skivede modne oliven
- Rømme
- 1 unse revet cheddarost

BRUKSANVISNING:

a) Kombiner kylling- og tacokrydderblandingen i en stekepanne på middels høy varme.

b) Tilsett mengden vann som er angitt på pakken for tacofylling. Kok opp.

c) Reduser varmen til middels. La det småkoke i 5-10 minutter, rør av og til, eller til vannet er fordampet.

d) Rør inn mais og kok til den er gjennomvarmet.

e) Varm i mellomtiden tacoskjell eller tortillas som anvist på pakken. Fyll hvert skall med ¼ kopp kyllingfyll.

f) Topp hver med salat, tomat, oliven og ost.

g) Drypp rømme på toppen.

8. Kyllingtaco med ris og sherry

Gir: 6 porsjoner

INGREDIENSER:
- 2 pund kyllingdeler
- $\frac{1}{4}$ kopp mel
- 2 ts salt
- $\frac{1}{4}$ teskje pepper
- 1 kopp løk, hakket
- $\frac{1}{4}$ kopp smør
- 2 ss Worcestershire saus
- $\frac{1}{4}$ ts hvitløkspulver
- 1 kopp chilisaus
- $1\frac{1}{2}$ kopp kyllingbuljong
- 3 kopper varm ris, kokt
- $\frac{1}{2}$ kopp tørr sherry

BRUKSANVISNING:
a) Rull kyllingen i kombinert mel, salt og pepper.

b) Brun i margarin.

c) Skyv kyllingen til den ene siden.

d) Tilsett løk, surr til den er gjennomsiktig.

e) Rør inn de resterende ingrediensene unntatt ris. Kok opp, dekk til og reduser varmen, og la det småkoke i 35 minutter.

f) Server kylling og saus over en seng med luftig ris.

9. Grillet kylling og rød pepper taco

Gir: 6 porsjoner

INGREDIENSER:
- 1½ pund beinfri, skinnfri kylling b
- 2 røde paprika stekt tisse
- 2 stilker selleri, vasket og skåret i skiver
- 1 Med rødløk, skrelt og hakket
- ½ kopp kokte svarte bønner
- ¼ kopp hakkede korianderblader
- ¼ kopp balsamicoeddik
- ¼ kopp olje
- ¼ kopp appelsinjuice
- ¼ kopp limejuice
- 2 fedd hvitløk, skrelt og mi
- 1 ts Malt korianderfrø
- ½ ts pepper
- ½ ts salt
- ¼ kopp rømme eller fettfri yoghurt
- 6 (8-tommers) meltortillas

BRUKSANVISNING:
a) TENN EN GRILL ELLER FORVARM en slaktekylling. Bank kyllingbrystene til en jevn tykkelse, og grill eller stek på begge sider til de er gjennomstekt, men ikke tørket ut, ca. 4 minutter på en side. Det er fornuftig å grille paprikaene samtidig. Skjær i skiver og sett til side.
b) Kombiner paprika, selleri, løk, svarte bønner og koriander i en miksebolle. Kombiner eddik, olje, appelsinjuice, limejuice, hvitløk, koriander, pepper. Kombiner med salt og rømme eller yoghurt i en krukke

med tettsittende lokk. Rist godt, og hell dressingen over grønnsakene.

c) Mariner grønnsakene i 1 time ved romtemperatur. Plasser en stor stekepanne på middels varme, og grill tortillaene i 30 sekunder på en side for å myke. For å servere, del kyllingen mellom tortillaene, plasser den i midten av tortillaen.

d) Del grønnsakene og dressingen deres på toppen av kyllingen, og rull tortillaen til en sylinder.

e) Server umiddelbart; retten skal ha romtemperatur.

10. Biff Tacos

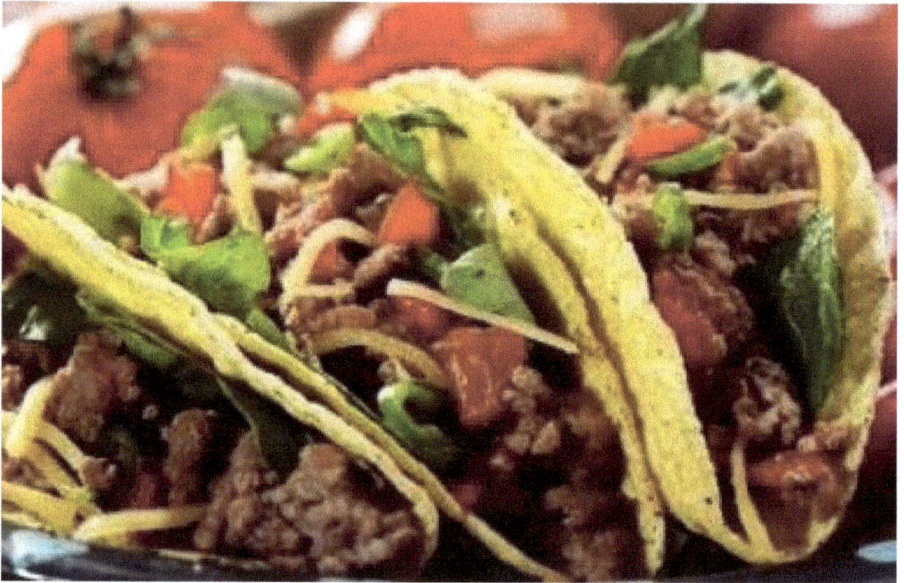

Gir: 8 porsjoner

INGREDIENSER:
- $\frac{1}{2}$ pund magert kjøttdeig
- 8 fullkornstortillas
- 1 pakke tacokrydder
- Strimlet romainesalat og 2 store tomater
- $\frac{3}{4}$ kopp vann
- 2 kopper revet cheddarost

BRUKSANVISNING:
a) Tilsett litt vann, kjøttdeig og tacokrydder i en middels panne, og kok deretter opp alt.

b) Varm opp tacoen på begge sider i henhold til pakkens instruksjoner, og topp med kjøtt, grønnsaker og saus.

11. Biff villsopp, biff og Poblano-taco

Gir: 6 porsjoner

INGREDIENSER:
- 1 ss olivenolje
- 12 maistortillas
- 1 pund biff biff
- 12 ss salsasaus & $\frac{1}{2}$ ts koriander
- $\frac{1}{2}$ ts salt og sort pepper
- 2 kopper rå løk og 1 kopp hakket hvitløk
- $\frac{3}{4}$ kopp meksikansk ost
- 1 Poblano pepper
- 2 kopper vill sopp

BRUKSANVISNING:
a) Begynn å brune biffkjøttet i en middels oljet panne, sammen med salt og pepperkrydder. Etter å ha stekt i 5 minutter på begge sider, tar du ut biffene og setter dem til side.

b) Tilsett de resterende ingrediensene i pannen og stek dem i 5 minutter.

c) Server de varme tortillaene toppet med soppblandingen, biffkjøtt i skiver, salsasaus og revet meksikansk ost.

12. Tacos med lite fett av biff og bønne

Gir: 4 porsjoner

INGREDIENSER:
- 1 pund kjøttdeig
- refried bønner
- 8 tacoskjell og tacokrydder
- 1 søt løk
- salsa saus
- revet cheddarost
- 1 avokado i skiver
- rømme

BRUKSANVISNING:
a) Begynn å steke kjøttet i en oljet panne og tilsett bønner og krydder.

b) Legg tacoen på en tallerken og tilsett kjøttblandingen, salsasaus, rømme, avokado i skiver og revet cheddarost.

13. <u>Biff Cheddar Tacos</u>

Gir: 16 porsjoner

INGREDIENSER:
- 1 ½ pund magert kjøttdeig
- 8 hele maistortillas
- 1 pakke tacokrydder
- 1 krukke salsasaus
- 2 kopper revet cheddarost

BRUKSANVISNING:
a) Brun kjøttdeigen sakte i en oljet stekepanne, tilsett salsasausen og bland godt, og tøm deretter kjøttet.

b) Varm opp hver tortilla og tilsett kjøttblandingen, krydder, tilsett litt salsasaus og cheddarost.

14. Slow Cooker Kylling Tacos

Gir: 8 porsjoner

INGREDIENSER:
- 1 lb kyllingbryst
- 1 pakke tacokrydder
- 1 krukke salsa
- 2-3 tomater
- Cheddar ost

BRUKSANVISNING:
a) Ta en middels crock pot og stek kyllingkjøttet i ca 8 timer på lav varme.

b) Før du serverer den på tortillas, riv den i stykker og tilsett resten av ingrediensene og krydder.

15. Rask og enkel malt kalkuntaco

Gir: 8 porsjoner

INGREDIENSER:
- 1 pund malt kalkun
- tacokrydder
- 1 kopp revet ost
- ¾ kopp vann
- 1 boks tomater i terninger med basilikum, oregano og hvitløk
- 1 boks svarte bønner
- lavkarbo tortillas og salat

BRUKSANVISNING:
a) Begynn å steke kalkunkjøttet i en middels stekepanne til det blir brunt.

b) Tilsett vannet, tomater og bønner i terninger, la det småkoke til de blir jevne.

c) Hell blandingen over hver tortilla, tilsett salat og revet ost.

16. Slow Cooker Cilantro Lime Chicken Tacos

Gir: 6 porsjoner

INGREDIENSER:
- 1 lb kyllingbryst
- 1 krukke salsa
- 3 ss fersk koriander
- 1 pakke Tacokrydder
- 1 lime (juice)
- 6 fullkornstortillas

BRUKSANVISNING:
a) Legg kyllingkjøttet, tacokrydderet, koriander, limejuice og salsa i en middels langsom komfyr; koking i 8-10 timer over svak varme (du kan gjøre dette over natten).

b) Når du er ferdig, riv kjøttet og legg det over tortillaene dine, og tilsett pålegg etter smak (oliven, salat, løk og andre sauser).

17. Kyllingtaco med hjemmelaget salsa

Gir: 2 porsjoner

INGREDIENSER:
KRYDRET KJØTT :
- 1 kyllingbryst (i terninger)
- 1 hvitløksfedd
- ½ tomat
- ½ ts løk og chilipulver
- ½ ts spisskummen og paprika
- ½ lime (juice)

SALSA:
- ¼ kopp hakket løk
- ½ tomat i terninger
- 1 klype salt
- ¼ kopp fersk koriander
- ½ limejuice
- ½ avokado i terninger
- ½ liten Jalapeñopepper

ANNEN:
- 4 maistortillas
- ¼ kopp mozzarellaost
- ½ kopp salat (revet)

BRUKSANVISNING:
a) Ta en middels stekepanne, tilsett kylling, krydder, hvitløk og limejuice, stek alt til det er ferdig.

b) Hell de hakkede tomatene over den stekte kyllingen.

c) I mellomtiden begynner du å blande ingrediensene til salsasaus. Varm opp hver maistortilla, tilsett kyllingblandingen, salat, salsasaus og mozzarella.

18. Lime Kylling Myk Tacos

Gir: 10 porsjoner

INGREDIENSER:
- 1 $\frac{1}{2}$ pund brystkjøtt (i terninger)
- 10 tortillas i Fajita-størrelse
- $\frac{1}{4}$ kopp rødvinseddik
- $\frac{1}{4}$ kopp salsasaus
- $\frac{1}{2}$ limejuice
- 1 ts splenda
- $\frac{1}{4}$ kopp Monterey Jack ost (revet)
- $\frac{1}{2}$ ts salt og malt svart pepper
- 1 tomat i terninger
- $\frac{1}{2}$ kopp salat (revet)
- 2 grønne løk og hvitløksfedd
- 1 ts tørket oregano

BRUKSANVISNING:
a) I en middels kjele, sauter kyllingbrystet over middels varme i ca 15 minutter.

b) Tilsett litt limejuice, grønn løk, eddik, oregano og andre krydder, og la alt småkoke i 5 minutter til.

c) Varm opp hver fajita-tortilla til en stor stekepanne over middels varme på hver side.

d) Lag hver tortilla, tilsett kyllingkjøttblandingen,

19. Tex Mex Chicken Tacos

Gir: 4 porsjoner

INGREDIENSER:
- 8 maistortillas
- 1 pund kyllingbryst (stykker)
- ½ kopp rømme
- ½ kopp appelsinjuice
- 1 ts maisstivelse
- ¼ kopp fersk koriander
- 1 kopp frossen hel kjernemais
- 1 ts limeskall
- 1 jalapenopepper
- 1 middels søt rød pepper
- 3 fedd hvitløk
- 2 ts olivenolje
- ¼ ts salt og sort pepper

BRUKSANVISNING:
a) Legg kyllingkjøttet og andre marinadeingredienser i en plastpose og legg det i kjøleskapet i 1-2 timer. Når den er godt marinert, la den renne av og stek den i en middels stekepanne til den er sprø og mør.

b) Tilsett søt paprika, litt marinade og maisenna og kok alt i 2 minutter til.

c) Varm opp hver tortilla i mikrobølgeovnen i 40 sekunder, del kyllingen mellom dem, og tilsett litt rømme, salat, løk og krydder.

20. Kyllingtaco på harde skjell og refrerte bønner

Gir: 5 porsjoner

INGREDIENSER:
- 1 kopp revet meksikansk ost
- 5 mais tacos
- 1 pund kyllingkjøtt
- 1 pakke tacokrydder
- 1 kopp hakket løk og tomater
- $\frac{3}{4}$ kopp vann og 1 boks refried bønner
- 3 gram spinatblader
- $\frac{1}{2}$ kopp salsasaus

BRUKSANVISNING:
a) Begynn å kutte kyllingkjøttet og løken i små biter, og stek dem deretter i en middels stekepanne på middels varme i 2-3 minutter.

b) Tilsett spinatblader, vann og krydder, kok opp.

c) Varm opp hver maistortilla i en mikrobølgeovn, tilsett kyllingblandingen, noen flere spinatblader, tomater, refried beans, salsasaus, ost og litt krydder.

21. Eple og løk Kylling myk taco

Gir: 4 porsjoner

INGREDIENSER:
- 6 mel tortillas
- 2 kyllingbryst (terninger)
- 1 ss smør
- 1 hvitløksfedd
- ½ ts malt muskat og sort pepper
- 2 kopper skivede epler og 1 kopp skivet løk
- 4 ss mangosalsa
- 1 ss olivenolje

BRUKSANVISNING:
a) Over middels varme, varm litt smør i en middels stekepanne.

b) Tilsett epler og løk, stek dem til de blir brune. Ta ut epler og løk, og stek kyllingbrystene i terninger til de er gjennomstekt.

c) Overfør løk og epler, hakket hvitløk og krydder.

d) Topp hver tortilla med blandingen og litt mangosalsa.

22. Fajita kyllingtaco

Gjør: 1 porsjon

INGREDIENSER:
- 1 pund kyllingkjøtt
- 3 maistortillas
- ¼ boks cheddarost
- 1 ts fajita-krydder
- ¼ boks tomater
- ¼ salat
- 1 ss salsa-mild

BRUKSANVISNING:
a) Kok biter, kylling og fajita-krydder.

b) Varm opp hver maistortilla i en middels panne til de blir sprø.

c) Legg 1 ts salsasaus over hver tortilla, tilsett kyllingen og andre grønnsaker.

23. Fiesta Chicken Tacos

Gir: 10 porsjoner

INGREDIENSER:
- 1 ½ pund kyllingbryst
- ½ ss løk og hvitløkspulver
- 1 boks nacho ostesuppe
- 1 pakke tacokrydder
- 6 ss grønn chilisaus
- 4 ss salsa

BRUKSANVISNING:
a) Ta en crockpot og tilsett kyllingbrystet. Bland de andre ingrediensene i en middels bolle og hell dem deretter over kyllingen.

b) Still inn koketiden til 6-8 timer på lav varme. Riv kyllingen med en liten kniv.

24. Grillet kyllingtaco

INGREDIENSER:

- ½ kg kyllinglår, flådd og utbenet
- 1 middels løk, skrelt og kuttet i store skiver
- 2 fedd hvitløk, finhakket
- 1 ss spisskummen frø, hakket
- 1 ss vegetabilsk olje
- 1 ts salt
- ½ ts sort pepper
- 8 tortillas

BRUKSANVISNING:

a) Sett grillen på middels høy varme. I en middels bolle, sleng kylling, løk, hvitløk, spisskummen, salt, pepper og olje.

b) Grill løken og kyllingen i fire minutter på hver side eller til den er lett forkullet og gjennomstekt.

c) La kyllingen avkjøles i noen minutter før du skjærer den opp for å servere avokado i skiver, Charred Tomatillo Salsa Verde, Cilantro-kvister, lime og reddiker i skiver.

25. Myk kylling og mais tacos

Gjør: 5

INGREDIENSER:
- $\frac{1}{2}$ kg benfri kylling, kuttet i tynne strimler
- 1 kopp salsa
- 25 gram tacokrydder
- 2 kopper hvit ris
- 10 mel tortillas
- $\frac{3}{4}$ kopp revet ost
- Maiskjerner
- Strimlet koriander til pynt

BRUKSANVISNING:
a) Over middels høy varme, varm litt olje i en stor panne.

b) Tilsett kyllingen og stek den i ca. 7 minutter eller til kyllingen er ferdig.

c) Tilsett 2 kopper vann, salsa og krydderblanding og kok opp.

d) Tilsett risen, dekk til og kok den i 5 minutter.

e) Hell blandingen på tidligere varme tortillas og dryss den sjenerøst med cheddarost.

f) Tilsett noen maiskorn etter ønske.

g) Pynt med koriander.

26. Rotisserie Chicken Cheddar Taco

Gjør: 6

INGREDIENSER:
- 3 kopper rotisserie kylling, finhakket eller strimlet
- ½ kopp salsa
- 2 ss honning
- 1 ss lime
- 2 ss Tacokrydder
- Salt
- Pepper
- 6 maistortillas
- Oliven olje
- Cheddarost, strimlet

BRUKSANVISNING:
a) Visp alle ingrediensene sammen bortsett fra kyllingen og osten.
b) Legg den strimlede kyllingen i en mikrobølgeovnsikker beholder og rør inn resten av blandingen.
c) Plasser denne beholderen i mikrobølgeovnen i 2 minutter, ta den
d) ut, rør og gjenta prosessen til kyllingen er skikkelig oppvarmet.
e) Dryss litt olje på en panne og varm tortillaene til de er gyldenbrune på begge sider.
f) Legg kyllingblandingen likt på alle tortillaene. Dryss over revet ost og server med salat, kirsebær i kvarte
g) tomater, koriander og rømme.

27. Buffalo Chicken Tacos

Gjør: 3

INGREDIENSER:
- 1 kopp selleri (i terninger)
- 2 kopper rotisserie kylling, strimlet fint
- ½ kopp rødglødende, bøffelvingesaus
- 1 ss olje
- 6 maistortillas
- 1 ½ kopp meksikansk ost (blanding)
- Salt

BRUKSANVISNING:
a) Legg den strimlede kyllingen i en bolle og hell bøffelsausen over. Bland godt og sett det inn i mikrobølgeovnen for å varme det opp.
b) Hell en spiseskje olje på en panne og bruk tortillaene,
c) fordel oljen jevnt over det hele. Dryss litt havsalt over den ene siden
d) av tortillaene når du lar dem bli gyldenbrune i
e) prosess.
f) Snu hver tortilla i løpet av 30 sekunder og strø litt ost på den andre siden. Du kan også bruke vanlig cheddarost. Når osten smelter, dryss over kylling og selleri.
g) Server med blåmuggost drysset over toppen eller litt krydret saus.

28. BBQ biff taco

Gir: 8 porsjoner

INGREDIENSER:
- 1 pund magert kjøttdeig (eller kalkun)
- ½ kopp meksikansk revet ost
- 1 løk i skiver og rød paprika
- 8 fullkornstortillas
- ½ kopp grillsaus
- 1 tomat i terninger

BRUKSANVISNING:
a) Begynn å steke biffkjøttet, løk og paprika i en middels oljet stekepanne til det er gjennomstekt, rør av og til.
b) Tilsett sausen og kok alt i 2 minutter.
c) Hell kjøttblandingen over hver tortilla og topp med ost og tomater før servering.

29. Tacos De Barbacoa

Gir: 20 porsjoner

INGREDIENSER:
- 4 pund biffkjøtt
- ¼ kopp cider eddik
- 20 maistortillas
- 3 ss limejuice
- ¾ kopp kyllingbuljong
- 3-5 hermetiske chipotle chili
- 2 ss vegetabilsk olje og 3 laurbærblader
- 4 fedd hvitløk og spisskummen
- 3 ts meksikansk oregano
- 1 ½ ts salt og malt svart pepper
- ½ ts malt nellik
- løk, koriander og limeskiver (hakket)

BRUKSANVISNING:
a) Bland limejuice, hvitløksfedd, cidereddik og andre krydder i en middels bolle til de blir jevne som en pasta.

b) Ta kjøttet og stek det i en oljet stekepanne i 5 minutter på begge sider. Legg blandingen fra bollen over kjøttet og fortsett å røre godt.

c) Etter ytterligere 10 minutter, mens ingrediensene kokte, tilsett blandingen i den forvarmede ovnen. Kok i ca 4-5 timer.

d) Server maistortillaene med ovnsblandingen, løk, koriander, limebåter og annet krydder.

30. Sprø vilt Tacos

Gir: 7 porsjoner

INGREDIENSER:
- 1 pund malt viltkjøtt
- 21 tacoskjell
- 2 ss tacosaus
- 1 boks Taco Bell etterstekte bønner
- 1-2 kopper strimlet salat
- 1 ts chili krydderblanding
- $1\frac{1}{2}$ kopper revet ost

BRUKSANVISNING:
a) Begynn å varme opp ovnen til 325 grader Celsius og stek deretter det malte viltkjøttet i en middels stekepanne, til det blir fint brunet.

b) Tilsett 2 ss saus, krydder og de etterstekte bønnene, kok til de er gjennomvarme.

c) I mellomtiden, varm hver tortilla inn i ovnen i noen minutter, og sett deretter sammen med salat, saus, kjøttblanding og litt revet ost.

31. Carne Asada Steak Tacos

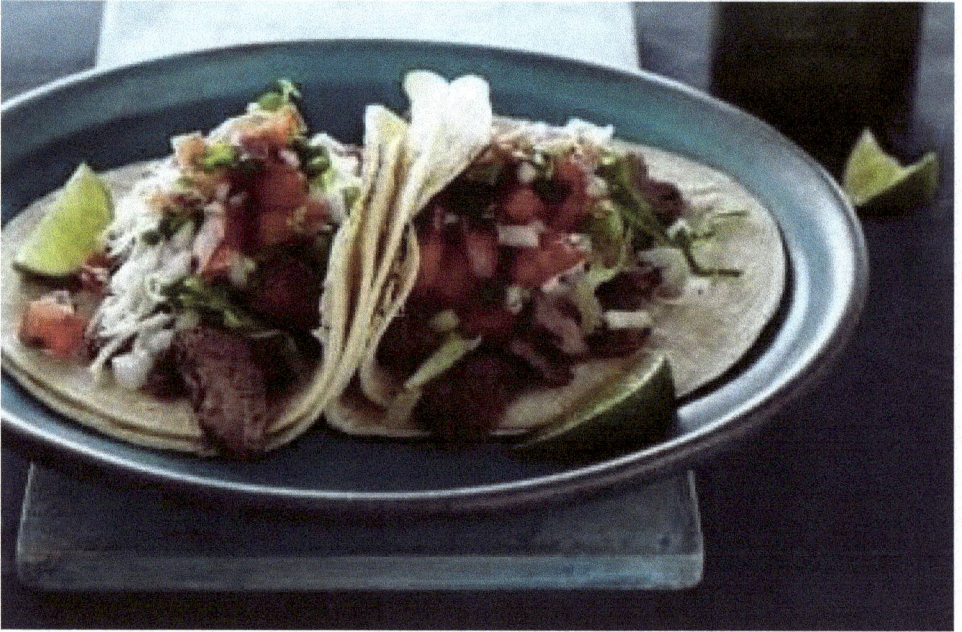

Gir: 12 porsjoner

INGREDIENSER:

- 2 pund flanke biffer
- 1 ss kjøttkrydder
- 1 limesaft og 1 ts spisskummen
- ½ ts salt og kvernet pepper
- 2 ss finhakket hvitløk og 1 dash cayennepepper
- ½ ts chilipulver
- 2 ss fersk koriander

BRUKSANVISNING:

a) Skjær fettet fra kjøttet om nødvendig, legg det deretter i en stor pose sammen med lime, 2 ss vann, krydder og sett det i kjøleskapet så alt blir godt belagt.

b) Ta ut kjøttet og grill det i 5 minutter på hver side. Begynn å forberede tortillaene, tilsett grønnsaker, grillet kjøtt og litt krydder.

32. Chickpea Crepe Tacos med kalvekjøtt og aubergine

Gjør: 4

INGREDIENSER:
- 2 ¼ kopper kikertmel
- ¼ kopp vanlig yoghurt
- 2 ½ ts salt (delt)
- 3 ½ ss olivenolje
- ¼ kg kalvekjøtt (kvernet)
- 1 ½ ts spisskummen (kvernet)
- ¼ teskje rød pepperflak (knust)
- 1 pund aubergine og skjær dem i terninger på 1" store
- 3 fedd hvitløk (skåret i tynne skiver)
- ¼ kopp rosiner (gyldne)
- ¼ kopp rødvin
- 15 unse tomater (i terninger)
- ¼ kopp pinjekjerner (ristede)

BRUKSANVISNING:
a) I en middels bolle, visp kikertmelet sammen med yoghurt, 1 ¼ ts salt og vann (2 kopper og 1 ss) og sett det til side.

b) Over en middels høy flamme, i en stor stekepanne, varm 1 ss olje. Tilsett kalvekjøtt, rød pepper, spisskummen og ¼ teskje salt i gryten for å tilberede kalvekjøttet.

c) Pass på å bryte og rør kalvekjøttet ofte så det ikke klumper seg sammen. Når kalvekjøttet begynner å bli brunt, (etter ca. 4 minutter), fjern kjøttet og krydderne fra pannen og legg det i en middels bolle.

d) Varm 2 ss olje på pannen, før du tilsetter aubergine og det resterende saltet. Kok auberginen i 5 minutter eller til den blir brun fra alle sider.

e) Tilsett nå hvitløk og rør av og til til den får en lysebrun farge.

f) Tilsett rosiner og vin for å koke blandingen. Husk å røre kontinuerlig, i et minutt, så blandingen varmes jevnt opp.

g) Tilsett de hakkede tomatene (med juice), lammeblandingen, pinjekjernene og $\frac{1}{4}$

h) kopp vann. Rør og reduser varmen til middels varme slik at blandingen

i) kan putre. Rør av og til. Etter omtrent 15 minutter, ettersom det meste av juicen fordamper, lukk flammen.

j) Snurr den gjenværende oljen i en 8-tommers non-stick-gryte, tørk av den med et papirhåndkle for å etterlate bare en oljeglans på pannen, og varm den til middels høy.

k) Visp melblandingen, hell omtrent en tredjedel av en kopp i pannen.

l) Snurr for å dekke pannen helt med røren, for å lage en crepe, stek begge sider til de er brune. Fjern crepeen fra gryten og gjenta prosessen med resten av røren.

m) Hell lammefyllet på pannekakene.

n) Server med grønne grønnsaker, yoghurt og sitronbåter.

33. <u>Steak Tacos og Salsa</u>

Gjør: 4

INGREDIENSER:
- 2 ss olivenolje, delt
- ½ kg flankstek
- Salt
- Svart pepper
- ½ kopp korianderblader
- 4 reddiker, trimmet og finhakket
- 2 vårløk, i tynne skiver
- ½ jalapeño, frø fjernet og finhakket
- 2 ss limejuice
- 8 maistortillas

BRUKSANVISNING:
a) Krydre biffen med salt og pepper og stek hver side i en stekepanne på høy varme.
b) Hell olivenolje i pannen og stek på hver side i ca 5-8 minutter. La den hvile i ytterligere fem minutter.
c) Hakk halvparten av koriander og bland med reddiker, jalapenos, løk, limejuice og 1 ss olivenolje. Smak til med salt, pepper og salsa.
d) Skjær biff i skiver, legg på hver tortilla sammen med en del av grønnsaksblandingen.
e) Server med queso fresco ost og resten av koriander.

34. Hakkebiff Tacos

Gjør: 4

INGREDIENSER:
- 8 maistortillas
- 750 gram kjøttdeig
- 4 ss tacokrydder
- 1 kopp isbergsalat, strimlet
- 1 kopp druetomater, halvert
- $\frac{1}{2}$ rødløk, finskåret
- 1 avokado, i skiver

BRUKSANVISNING:
a) I en panne koker du kjøttdeig og tacokrydder sammen, for

b) ca 7 minutter på middels varme så kjøttet er stekt

c) gjennom. Tøm for å fjerne overflødig fett.

d) Varm tortillaene og sett sammen med like deler av biffblandingen og topp med salat, tomater, løk og avokado. Server med limebåter.

35. Pan Tacos med kjøttdeig og hvit ris

Gjør: 4

INGREDIENSER:
- ½ kg biff
- 1 ts spisskummen
- 1 ss chilipulver
- 2 kopper hvit ris
- 1 kopp ost, strimlet
- 2 kopper vann
- 8 hvetetortillaer
- Salt

BRUKSANVISNING:
a) Brun kjøttet i en stor panne i ca 10 minutter. Tøm til
b) fjern eventuelt fett.
c) Tilsett krydderne, rør i 30 sekunder før du tilsetter vann. Pass på at den er på høy varme så den koker raskt. Rør inn ris og ost. Dekk til og la det småkoke på middels varme i 5 minutter.
d) Tøm etter behov for å fjerne ekstra olje og vann.
e) Sett sammen ved å legge like porsjoner på hver tortilla, tilsett revet salat og hakkede tomater til servering.

36. Taco med rester av hamburgere

Gjør: 4

INGREDIENSER:
- 250 gram hamburger
- 1 kopp vann
- 1 pakke tacokrydder
- 8 maistortillas

BRUKSANVISNING:
a) Tilsett hamburgeren (eller erstatningen) i en panne og varm på middels varme til den er brun og gjennomvarmet.
b) Tilsett tacokrydderet og vann og kok i 5 minutter så den er klar til servering.
c) Når kjøttet er gjennomstekt, sett sammen taco med kjøtt og grønnsaker i terninger som tomater, løk og salat. Server med limebåter og revet ost til topping.

37. Biff-taco i bøffelstil

Gir: 4 porsjoner

INGREDIENSER:
- 1 pund kjøttdeig (95 % magert)
- ¼ kopp cayennepeppersaus for Buffalo wings
- 8 tacoskjell
- 1 kopp salat i tynne skiver
- ¼ kopp redusert fett eller vanlig tilberedt blåmuggostdressing
- ½ kopp revet gulrot
- ⅓ kopp hakket selleri
- 2 ss hakket fersk koriander
- Gulrot- og stangselleri eller korianderkvister

BRUKSANVISNING:
a) Varm en stor nonstick-gryte over middels varme til den er varm.

b) Tilsett kjøttdeig; kok i 8 til 10 minutter, del i små smuldrer og rør av og til. Fjern fra pannen med hullsleiv; hell av drypp.

c) Gå tilbake til pannen; rør inn peppersaus. Kok og rør i 1 minutt eller til den er gjennomvarmet.

d) Varm i mellomtiden tacoskjell i henhold til anvisningen på pakken.

e) Hell biffblandingen jevnt i tacoskjell. Tilsett salat; drypp med dressing.

f) Topp jevnt med gulrot, selleri og koriander. Pynt med gulrot og stangselleri eller korianderkvister, om ønskelig.

38. Biff Taco Wraps

Gir: 4 porsjoner

INGREDIENSER:
- $\frac{3}{4}$ pund tynne skiver deli roastbiff
- $\frac{1}{2}$ kopp fettfri svart bønnedip
- 4 store (ca 10-tommers diameter) meltortillas
- 1 kopp salat i tynne skiver
- $\frac{3}{4}$ kopp hakket tomat
- 1 kopp (4 unser) strimlet fettfattig tacokrydret ost
- Salsa

BRUKSANVISNING:
a) Fordel svart bønnedip jevnt over den ene siden av hver tortilla. Legg deli roastbiff over bønnedip, og la $\frac{1}{2}$-tommers kant rundt kantene.

b) Dryss like mengder salat, tomat og ost over hver tortilla.

c) Brett høyre og venstre side til midten, overlappende kanter. Brett den nederste kanten av tortillaen opp over fyllet og rull sammen.

d) Skjær hver rull i to. Server gjerne med salsa.

39. Grillet biff-taco i Carnitas-stil

Gir: 6 porsjoner

INGREDIENSER:
- 4 biff flatjernssteker (omtrent 8 gram hver)
- 18 små maistortillas (6 til 7-tommers diameter)

TOPPING:
- Finhakket hvitløk, hakket frisk koriander, limebåter

MARINADE:
- 1 kopp tilberedt tomatillosalsa
- ⅓ kopp hakket fersk koriander
- 2 ss fersk limejuice
- 2 ts finhakket hvitløk
- ½ ts salt
- ¼ teskje pepper
- 1-½ kopper tilberedt tomatillosalsa
- 1 stor avokado, i terninger
- ⅔ kopp hakket fersk koriander
- ½ kopp finhakket hvit løk
- 1 ss fersk limejuice
- 1 ts finhakket hvitløk
- ½ ts salt

BRUKSANVISNING:
a) Kombiner marinadeingrediensene i en liten bolle. Legg biff og marinade i matsikker plastpose; snu biffer til pels. Lukk posen godt og mariner i kjøleskapet i 15 minutter til 2 timer.

b) Fjern biffer fra marinaden; kast marinaden. Legg biffene på rist over middels, askedekket kull. Grill, tildekket, 10 til 14 minutter for middels sjelden (145 °F) til middels (160 °F) ferdighet, snu av og til.

c) I mellomtiden kombinerer avokadosalsa-ingrediensene i en middels bolle. Sette til side.

d) Legg tortillas på rist. Grill til den er varm og litt forkullet. Fjerne; holde varm.

e) Skjær biffer i skiver. Server i tortillas med avokadosalsa. Topp med løk, koriander og limebåter, etter ønske.

40. Små Taco Beef Terter

Gjør: 30 bittesmå terter

INGREDIENSER:
- 12 gram kjøttdeig (95 % magert)
- $\frac{1}{2}$ kopp hakket løk
- 1 fedd hvitløk, finhakket
- $\frac{1}{2}$ kopp tilberedt mild eller middels tacosaus
- $\frac{1}{2}$ ts malt spisskummen
- $\frac{1}{4}$ teskje salt
- $\frac{1}{8}$ teskje pepper
- 30 filoskall
- $\frac{1}{2}$ kopp strimlet meksikansk osteblanding med redusert fett
- Pålegg: revet salat, skivede drue- eller cherrytomater, guacamole, rømme med lavt fettinnhold, modne oliven i skiver

BRUKSANVISNING:
a) Forvarm ovnen til 350°F. Varm en stor nonstick-gryte over middels varme til den er varm.

b) Tilsett kjøttdeig, løk og hvitløk i en stor stekepanne over middels varme i 8 til 10 minutter, del opp biff i små smuldrer og rør av og til. Hell eventuelt av drypp.

c) Tilsett tacosaus, spisskummen, salt og pepper; kok og rør i 1 til 2 minutter eller til blandingen er gjennomvarmet.

d) Legg filoskall på bakepapir med rander. Hell biffblandingen jevnt i skjell. Topp jevnt med ost. Stek i 9 til 10 minutter eller til skjellene er sprø og osten er smeltet.

e) Topp tertene med salat, tomater, guacamole, rømme og oliven, etter ønske.

41. <u>One Pot Cheesy Taco Skillet</u>

Gjør: 30 bittesmå terter

INGREDIENSER:
- 1 pund magert kjøttdeig
- 1 stor gul løk, i terninger
- 2 mellomstore zucchini, i terninger
- 1 gul paprika, i terninger
- 1 pakke tacokrydder
- 1 boks tomater i terninger med grønn chili
- 1 ½ kopp revet cheddar eller Monterey jack ost
- Grønn løk til pynt
- Salat, ris, mel eller maistortillas til servering

BRUKSANVISNING:
a) Varm en stor nonstick-gryte over middels varme til den er varm. Tilsett kjøttdeig, løk, zucchini og gul pepper; kok i 8 til 10 minutter, del i små smuldrer og rør av og til. Hell av drypp om nødvendig.

b) Tilsett tacokrydder, ¾ kopp vann og hakkede tomater. Skru ned varmen og la det småkoke i 7 til 10 minutter.

c) Topp med revet ost og grønn løk. Ikke rør.

d) Når osten er smeltet, server over en seng med salat, ris eller i mel eller maistortillas!

42. <u>Skirt Steak Street Tacos</u>

Gjør: 6 tacos

INGREDIENSER:
- 1 skjørtbiff, kuttet i 4 til 6-tommers porsjoner, i tynne strimler
- 12 seks-tommers maistortillas
- $\frac{1}{2}$ ts salt
- $\frac{1}{4}$ ts kajennepepper
- $\frac{1}{2}$ ts hvitløkspulver
- $\frac{1}{2}$ ts finhakket hvitløk
- 1 ts olje
- 1 kopp løk i terninger
- $\frac{1}{2}$ kopp korianderblader, grovhakket
- 2 kopper rødkål i tynne skiver
- Cilantro Lime Vinaigrette:
- $\frac{3}{4}$ kopp korianderblader
- Saft fra 2 lime
- ⅓ kopp olivenolje
- 4 ts finhakket hvitløk
- $\frac{1}{4}$ kopp hvit eddik
- 4 ts sukker
- $\frac{1}{4}$ kopp melk
- $\frac{1}{2}$ kopp rømme

BRUKSANVISNING:
a) Varm olje over middels varme. Krydre biff i skiver med salt, kajennepepper og hvitløkspulver. Legg biff i pannen og fres til den er gjennomstekt (8 til 10 minutter). Tilsett hvitløk og fres i 1 til 2 minutter lenger til hvitløken dufter. Fjern fra varmen og skjær biff i terninger.

b) Visp sammen alle ingrediensene til vinaigretten. Tilsett blandingen i en blender og kjør til den er jevn, ca 1 til 2 minutter.

c) Fyll oppvarmede maistortillas (bruk to per taco) med biff, løk, hakket koriander og kål. Drypp med vinaigrette og server.

43. Puerto Ricansk Taco

INGREDIENSER:

- Mais tacoskjell
- Ost
- Kokt kjøttdeig
- A Søte gule plantains (kokt og kuttet i biter)

BRUKSANVISNING:

a) Legg to store skjeer med kjøttdeig i tortillaen din.

b) Legg til to plantainbiter til tortillaen din.

c) Ha litt ost på toppen, så er den klar til å spises!

d) Nyt!

44. Kjøttaktig tacogryte

INGREDIENSER:

- 1 lb kjøttdeig
- 1 løk, hakket
- 1 (10 unse) boks enchiladasaus eller salsa
- 1 (8-unse) boks tomatsaus
- 1 (15 unse) boks svarte bønner, skyllet og drenert
- 1 kopp frossen mais
- 1 (8-10 teller) boks fettfattige kjøleskapskjeks
- 1 kopp strimlet meksikansk blandingsost med redusert fett
- ⅓ kopp hakket grønn løk

BRUKSANVISNING:

a) Forvarm ovnen til 350°F.

b) Dekk 13 x 9 x 2-tommers bakebolle med nonstick matlagingsspray.

c) I en stor stekepanne koker du kjøttet og løken til kjøttet er ferdig; tømme overflødig fett.

d) Bland enchiladasausen eller salsaen, tomatsausen og svarte bønner og mais, rør godt. Riv kjeks i fjerdedeler.

e) Rør grønnsaksblandingen inn i kjøttblandingen, og overfør den deretter til bakebollen. Bland inn kjeksbitene til slutt.

f) Stek i 25 minutter. Ta den ut av ovnen, og dryss den med ost og grønn løk. Sett bakebollen tilbake i ovnen og stek i 5–7 minutter til, eller til osten er smeltet.

45. Biff Cilantro Taco

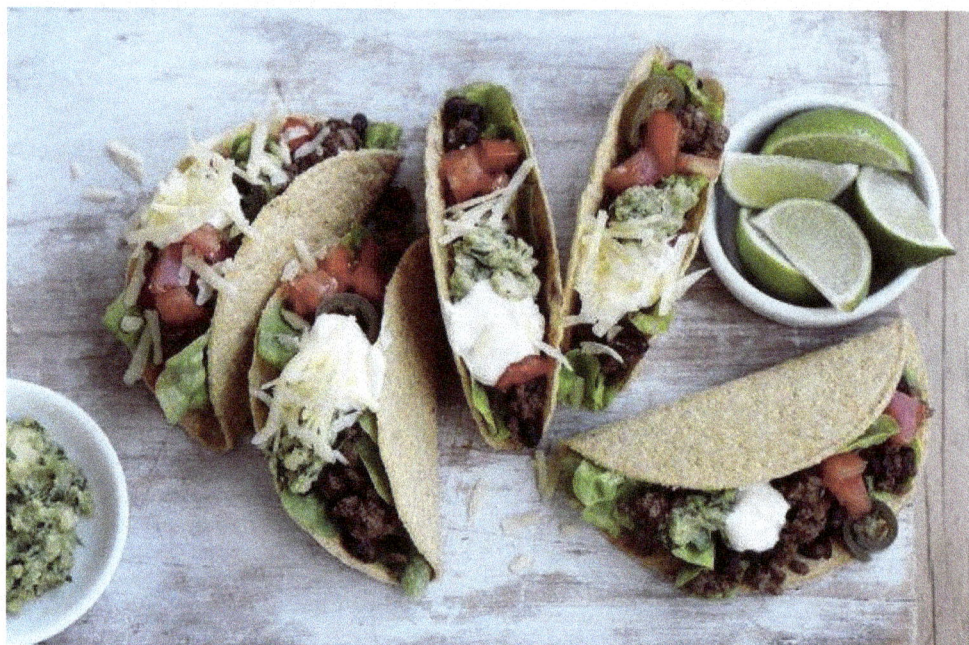

INGREDIENSER:
- 1 pakke myk mais- eller hvetetortillas
- 2 ss chilipulver
- 1 ss malt spisskummen
- $\frac{1}{2}$ ts kajennepepper
- 2 ts kosher salt
- 2 ss vegetabilsk olje
- 1 stor hvit løk, hakket
- 16 gram kjøttdeig
- 2 fedd hvitløk, finhakket
- $\frac{2}{3}$ kopp biffbuljong
- Meksikansk blanding revet ost, etter smak
- Helt naturlig rømme, etter smak
- 1 stor tomat, frø fjernet, hakket
- $\frac{1}{4}$ kopp friske korianderblader, hakket

BRUKSANVISNING:
a) Kombiner chilipulver, spisskummen, kajennepepper og salt i en liten krukke og rist for å kombinere. Sette til side. Varm olje i en stor støpejernsgryte på middels høy varme.

b) Når oljen skinner, sauter du halvparten av den hakkede løken til den er gjennomsiktig og begynner å bli brun, ca. 3 til 4 minutter.

c) Tilsett kjøttdeig og hvitløk og stek til de er brune, ca 3 til 4 minutter. Tilsett en krukke med kombinert krydder og oksebuljong. Rør for å kombinere.

d) La det småkoke og kok til det er tykt, ca 2 til 3 minutter.

e) Når sausen tykner, skru ned varmen.

f) Kombiner den reserverte hakkede løken, hakket tomat og hakket koriander. Legg i en liten bolle.

g) Sett sammen taco ved å plassere en liten mengde ost i midten av en tortilla, og tilsett deretter litt varm kjøtt/sausblanding for å smelte osten.

h) Topp med løk-tomat-koriander blanding og en klatt rømme. Rull sammen og nyt!

46. Tomatsuppe biff tacos

Gir: 24 porsjoner

INGREDIENSER:
- 2 pund kjøttdeig
- ½ kopp hakket grønn pepper
- 1 boks oksebuljong
- 1 boks tomatsuppe
- 2 ss hakket kirsebær paprika
- 24 tacoskjell
- 1 revet cheddarost
- 1 strimlet Monterey-jekk
- 1 hakket løk
- 1 strimlet salat
- 1 tomater i terninger

BRUKSANVISNING:
a) I stekepanne, brun biff og kok grønn pepper til den er mør; rør for å skille kjøtt.
b) Tilsett supper og kirsebærpepper. Kok over lav varme 5 minutter; rør av og til.
c) Fyll hvert tacoskall med 3-4 ss kjøttblanding; topp hver med de resterende ingrediensene.

47. Grillet lam med myk taco

Gjør: 1 porsjon

INGREDIENSER:
- 1 pounds Trimmet benfri lammelår; eller mørbradbiffer
- 3 fedd hvitløk; moset
- $1\frac{1}{2}$ tomme stykke fersk ingefær; skrelles og hakkes
- $\frac{1}{2}$ kopp mild jalapeno gelé eller syltetøy
- 4 meltortillas
- Salsa til pynt

BRUKSANVISNING:
a) Skjær lam i $\frac{1}{2}$-tommers skiver; sette til side. Kombiner hvitløk, ingefær og gelé.

b) Fordel ingefærblandingen på hver lammeskive.

c) Forvarm i mellomtiden en utendørsgrill, komfyrtoppgrill eller tung, krydret stekepanne til middels høy.

d) For å lage mat, skille lammeskivene og legg dem på grillen eller i pannen; stek i to til tre minutter på hver side, til den er middels sjeldne.

e) Varm i mellomtiden tortillaene i en plastpose i mikrobølgeovnen i ett minutt, eller kort over en brenner.

f) Fordel fyllet mellom tortillaene, og pakk hver tortilla rundt fyllet. Server gjerne med en skål salsa.

48. Grillet svinetaco og papayasalsa

Gir: 5 porsjoner

INGREDIENSER:
- 1 papaya; skrellet, frøet, kuttet i $\frac{1}{2}$ tommers terninger
- 1 liten rød chili; frøsådd og finhakket
- $\frac{1}{2}$ kopp rødløk; hakket
- $\frac{1}{2}$ kopp rød paprika; hakket
- $\frac{1}{2}$ kopp friske mynteblader; hakket
- 2 ss limejuice
- $\frac{1}{4}$ pounds svinekjøtt benfri midtre ryggstek; kuttet i strimler
- $\frac{1}{2}$ kopp fersk papaya; hakket
- $\frac{1}{2}$ kopp fersk ananas; hakket
- 10 meltortillas, varmet
- $1\frac{1}{2}$ kopp Monterey Jack ost; strimlet (6 oz)
- 2 ss Margarin eller smør; smeltet

BRUKSANVISNING:
a) Kok svinekjøtt i 10-tommers stekepanne over middels varme ca 10 minutter, rør av og til, til det ikke lenger er rosa; avløp.

b) Rør inn papaya og ananas. Varm opp, rør av og til, til det er varmt. Forvarm ovnen til 425F.

c) Skje ca $\frac{1}{4}$ kopp av svinekjøtt blandingen på halvparten av hver tortilla; topp med ca 2 ss av osten.

d) Brett tortillas over fyllet. Plasser fem av de fylte tortillasene i en usmurt gelérullpanne, 15 $\frac{1}{2}$x10 $\frac{1}{2}$x1 tomme; pensle med smeltet margarin.

e) Stek uten lokk i ca 10 minutter eller til den er gyllenbrun. Gjenta med resterende taco. Server med papaya salsa.

49. Strimlet svinekjøtt Tacos

Gir: 12 porsjoner

INGREDIENSER:
- $\frac{1}{2}$ pund svinestek
- 12 myke hjemmelagde tacos
- 1 kopp løk i skiver
- $\frac{1}{2}$ kopp hakkede tomater og 1 avokado
- 1 boks tomater og 2-3 jalapeno chili
- $\frac{1}{2}$ kopp rømmesaus
- 1 ancho chili og 1 kopp vann
- 1 kopp strimlet salat
- $\frac{1}{2}$ ts salt og pepper
- 1 kopp revet cheddarost

BRUKSANVISNING:
a) Ta en stor kjele og tilsett hakket svinekjøtt, grønnsaker, vann og krydder, stek i 20 minutter under omrøring av og til. Fjern grønnsakene og kyllingkjøttet fra kokevæsken og riv dem i små biter.

b) Sett sammen de hjemmelagde tortillaene med salat, svinekjøtt, grønnsaker, rømmesaus, revet ost, tomater i terninger og avokado.

50. Taco med svin og egg

Gjør: 5-6

INGREDIENSER:
- 10 tortillas
- Ferdigstekte svinekjøttpølser (1 pakke)
- 3 egg
- ½ kopp cheddarost, grovt strimlet
- 1 avokado, i skiver
- Salt
- Pepper

BRUKSANVISNING:
a) Pisk eggene med salt og pepper og stek dem over høy varme.

b) Pass på at du steker begge sider i omtrent ett minutt hver.

c) Varm opp pølsene i henhold til instruksjonene på pakkemenyen.

d) Du kan også erstatte pølsene med annen proteinmat du har hjemme, inkludert kjøttrester, kylling eller grønnsaker.

e) Ta ut eggene og varm tortillaene. Slå av varmen og bruk bare varmen fra det fortsatt varme beltet for å gjøre det.

f) Skjær egget i skiver etter antall tortillas og legg et stykke egg, pølse, avokado, ost og pynt etter eget ønske. Du kan også legge til bacon og hash browns.

g) Server med lime og salsa.

51. <u>Svinekjøtt Carnitas Tacos</u>

Gjør: 8

INGREDIENSER:
- $1\frac{1}{2}$ kg svinekjøtt, kuttet i 1 $\frac{1}{2}$-tommers biter
- $\frac{1}{2}$ kg svinekjøtt, kuttet i små biter
- 1 kopp kyllingkraft
- 1 ss salt
- 1 ts sort pepper
- 8 maistortillas

BRUKSANVISNING:
a) Kok opp svineskulder, svinekjøtt, salt og pepper i en stor kjele. La småkoke
b) i minst to timer eller til svinekjøttet er mørt nok til at det lett kan rives i stykker.
c) Reduser væsken i ti minutter før du fjerner kjelen.
d) Legg halvparten av det kokte svinekjøttet (og saften) i en stor stekepanne og stek det på høy varme til svinekjøttet begynner å syde i sitt eget fett. Når svinekjøttet begynner å bli brunt og sprøtt, fjern det fra gryten. Gjenta prosessen med resten av svinekjøttet.
e) Legg svinekjøttet i en tortilla, pynt med grønnsaker etter eget valg, som avokado i skiver, strimlet kål, løk, zucchini, paprika, lime og saus.

52. Taco Truck Tacos

Gir: 4 porsjoner

INGREDIENSER:
- 1½ pund svinekjøtt (revet)
- 2 lime
- 12 maistortillas
- 1 haug koriander
- ½ kopp hakket løk
- Reddiker, avokado og ferske tomater

BRUKSANVISNING:
a) I en middels panne begynn å brune kjøttet som tidligere var krydret med spisskummen, salt og pepper.

b) Når du er ferdig, varm tortillaene på begge sider og topp dem med kjøtt, løk, avokado, tomater og litt limejuice.

53. Taco med grillet Kielbasa

Gjør: 4

INGREDIENSER:
- 1 rødløk (kuttet i 4 biter)
- 2 paprika (rød, og kuttet på langs. Fjern frøene)
- 1 haug med løkløk
- 3 ss olivenolje
- Salt
- Pepper
- ⅓ kopp limejuice
- 750 gram kielbasa pølse, halver vertikalt
- 8 maistortillas
- koriander

BRUKSANVISNING:
a) Kast løk, paprika og løk sammen med olje over en grill som er satt til middels høy varme.

b) Smak til med salt og pepper og grill til grønnsakene får et litt forkullet utseende.

c) Husk å ta av løken etter 2 minutter!

d) Ta dem av varmen og la det avkjøles.

e) Skjær løken i skiver som er 1-tommers lange og bland med limejuice. På samme måte fjerner du skallet av paprikaene, skjærer dem i skiver som er 1-tommers lange og legg i en egen bolle. Skålløken bør legges på et annet fat.

f) Grill pølsene i ca 5 minutter hver og legg dem sammen med løkløken.

g) Grill tortillaene for å gi et litt forkullet utseende.

h) Ha alle ingrediensene i hver tortilla og server med varm saus og fersk lime til å klemme over.

54. Picadillo taco

Gjør: 1 porsjon

INGREDIENSER:
- $\frac{1}{2}$ kopp rosiner
- $\frac{1}{4}$ kopp Tequila
- $\frac{1}{2}$ pund Bulk svinepølse
- $\frac{1}{2}$ pund kjøttdeig
- 1 middels løk, hakket
- 3 fedd hvitløk, finhakket
- 1 boks (14 $\frac{1}{2}$ oz) hele tomater, kuttet opp, UTRENERTE
- 1 boks (4 oz) grønn chilipepper i terninger, drenert
- 2 ss sukker
- 1 ts malt kanel
- $\frac{1}{4}$ teskje Malt spisskummen
- 1 strek Malt nellik
- 12 7 tommers mel tortillas
- ⅓ kopp pekannøtter, finhakket
- Strimlet salat, valgfritt

BRUKSANVISNING:
a) Kombiner rosiner og tequila i en liten kjele. Kok opp; fjern fra varme. La stå i 5 minutter.

b) Til fylling: Stek pølse, biff, løk og hvitløk i en stor panne på middels varme til kjøttet er brunt. Tøm av fett. Rør inn udrenerte rosiner, udrenerte tomater, grønn chilipepper, sukker, kanel, spisskummen og nellik.

c) Kok opp; redusere varmen. La det småkoke uten lokk i ca 30 minutter eller til det meste av væsken er fordampet.

d) Pakk tortillas inn i folie i mellomtiden. Varm i en ovn på 350 grader i 10 minutter eller til den er varm. Rør pekannøtter inn i kjøttblandingen.

e) For å servere, topp varme tortillas med salat, og fyll deretter. Brett eller rull sammen.

55. Svinekjøtt-taco, California-stil

Gir: 6 porsjoner

INGREDIENSER:
- 2 pund indrefilet av svin
- 6 Grønn løk
- 12 små ferske maistortillas
- 1 haug koriander; store stengler fjernet
- Guacamole
- 1 kopp rømme
- 1 kopp krydret rød salsa
- 1 kopp grønn chilesalsa

FOR MARINADEN
- $\frac{1}{2}$ kopp ferskpresset appelsinjuice
- 2 ss ferskpresset limejuice
- 1 ts hakket fersk oregano
- $\frac{1}{4}$ teskje spisskummen
- $\frac{1}{2}$ ts merian
- $\frac{1}{2}$ ts salt
- $\frac{1}{4}$ ts Finkvernet sort pepper

BRUKSANVISNING:
a) Kombiner marinadeingrediensene i en middels bolle.

b) Visp til det er blandet. Legg svinekjøtt i en grunn ikke-aluminiumsform og hell marinaden over. Mariner i 6 til 12 timer, avkjølt.

c) Skjær gjennom den grønne delen av løken, lag 2 åpninger helt ned til der den hvite delen begynner. Dette vil gi løken en vifteform.

d) Forvarm ovnen til 350 grader. Forvarm grillpanne over middels høy varme. Grill svinekjøtt i 15 til 20 minutter på hver side, eller til innertemperaturen er 160 grader.

e) Tørk grønn løk med marinade og grill i ca 3 minutter på hver side. Fjern kjøtt og løk fra grillen, kutt kjøttet i små biter og reserver.

f) Pakk tortillas inn i aluminiumsfolie og varm i ovnen i ca 10 minutter.

g) Hold deg varm mens du tilbereder tallerkener. På ytterkantene av individuelle serveringsfat legger du noen kvister koriander, en stor klatt guacamole og en stor klatt rømme.

h) Legg 2 varme tortillas på siden av hver tallerken og legg kjøtt og grillet løk i midten.

i) Pass krydret rød og grønn chilesalsas i separate boller.

j) Server umiddelbart.

56. Honey-Cilantro Shrimp Myke Tacos

Gir: 4 porsjoner

INGREDIENSER:
- 8 tortillas
- 1 ts vegetabilsk olje
- ½ ss salt og pepper
- 1 stor løk og 1 jalapeno
- 3 paprika
- 2 ts koriander og spisskummen
- 2-4 fedd hvitløk
- 4 ss fersk koriander og honning
- 1 ½ pund cocktail reker

BRUKSANVISNING:
a) Stek reker, jalapeno, løk, paprika, krydder og hvitløk i en middels stekepanne til de blir møre.

b) Bland den friske korianderen og honningen i en glassbolle til en jevn blanding er dannet.

c) Hell blandingen over hver tortilla; legg til rekene og litt salsasaus.

57. <u>Baja Fish Tacos</u>

Gir: 4 porsjoner

INGREDIENSER:

- 1 ½ pund tint ferske tilapiafileter
- 4 mellomstore fullkornstortillaer
- 1 ss fersk koriander
- 1 løk, avokado og tomat (alt hakket)
- 2 ts tacokrydder
- 2 kopper kålsalat
- 1 sitron (juice)

BRUKSANVISNING:

a) Finhakk grønnsakene og riv kålen i små biter.

b) Etter å ha krydret tilapia-filetene med tacokrydder, kok dem i en oljet smurt panne i 5-6 minutter.

c) Stek fisken sakte på begge sider og tilsett litt løk, sitronsaft og tomater over.

d) Varm hver tortilla i 1 minutt i mikrobølgeovnen, og tilsett deretter fiskefileter, grønnsaker, kål, koriander og salsa.

58. Reker Tacos

Gir: 5 porsjoner

INGREDIENSER:
- 1 pund pillede reker
- 10 maistortillas
- ½ kopp rømme
- 1 ss krydder og 1 chipotle pepper
- 2 lime (til juice)
- ½ kopp finhakket lilla kål
- 2 ss virgin olivenolje

BRUKSANVISNING:
a) Kombiner chipotle, halvparten av limesaften og rømme i en liten bolle til en jevn pasta blir dannet.

b) Til en forvarmet panne start, kok de skrellede rekene med litt krydder.

c) Varm opp hver taco og server dem toppet med strimlet kål, chipotlekrem, stekte reker og saus.

59. Fish Tacos med Cilantro Slaw og Chipotle Mayo

Gir: 4 porsjoner

INGREDIENSER:
- 1 pund tilapia fiskefileter
- 4 mel tortillas
- $\frac{1}{2}$ kopp fersk limejuice
- 2 kopper 3-farget coleslaw blanding
- $\frac{1}{4}$ kopp majones
- 1 chipotle chili dynket i adobo saus
- 1 kopp hakket friske korianderblader
- 1 avokado og 1 tomat i terninger
- 1 ss adobo saus fra chipotle peppers
- $\frac{1}{4}$ ts salt og kajennepepper
- salt og kvernet sort pepper

BRUKSANVISNING:
a) Hell limesaften over hver tilapia-fiskefilet og oppbevar dem i kjøleskapet i 4 timer.

b) Begynn å tilberede chipotle-majonesdressingen ved å blande adobo-sausen, cayennepepper, chili, $\frac{1}{4}$ ts salt og majones i en middels bolle, bland alt.

c) Ta fisken ut av kjøleskapet og surr den i 2-3 minutter i en middels oljet panne.

d) Fordel 1 ss chipotlesaus over hver tortilla, tilsett den kokte fisken, grønnsakene og krydder.

60. Grillet reker og svarte bønne-taco

Gir: 6 porsjoner

INGREDIENSER:
- 1 pund skrellede reker
- 12 maistortillas
- 2 ss chilipulver
- 1 $\frac{1}{2}$ ss presset limejuice
- 1 kopp svarte bønner
- Pico de Gallo
- $\frac{1}{2}$ ts virgin olivenolje
- $\frac{1}{4}$ teskje salt
- 6 spyd

BRUKSANVISNING:
a) Forvarm grillen, tilbered deretter sausen, varm opp de svarte bønner, limejuice, chilipulver og salt i en middels panne.

b) Når en jevn pasta er dannet, tilbered rekespydene. De må stekes i ca 1-2 minutter på begge sider, deretter børstes hver reke og grilles i ytterligere 2 minutter.

c) Bygg din tortilla, tilsett reker, saus og krydder.

61. Blackened Cabo Fish Tacos

Gir: 4 porsjoner

INGREDIENSER:

- 1½ pund hvit fisk og 8 gram fiskemarinade
- 12 maistortillas
- ¾ pund asiatisk slaw
- 9 ss lime rømme
- 4 gram smør
- 7 ss chipotle aioli
- 7 ss Pico de Gallo
- 2 ss sort pepper krydder
- Chipotle Aioli
- ¾ kopp majones
- 1 ts limejuice
- 1 ss sennep
- Kosher salt og malt svart pepper
- 2 chipotle paprika

BRUKSANVISNING:

a) I en middels kjele begynner du å smelte det usaltede smøret, tilsett den marinerte hvite fisken, dryss litt sort pepperkrydder og stek dem i 2 minutter på begge sider.

b) Varm hver tortilla på begge sider, tilsett den stekte kyllingen, chipotle-aioli-sausen, noen Pico de Gallo, litt asiatisk slaw og litt krydder.

62. Krydret reketaco

Gir: 2 porsjoner

INGREDIENSER:
- 4 lavkarbo tortillas
- 4 ss mangosalsasaus
- 16 store reker
- 1 ss frisk hakket koriander
- 1 kopp Romainesalat
- $\frac{1}{2}$ kopp cheddarost
- 4 ts chilisaus
- $\frac{1}{2}$ kopp stekt løk
- Saft av 1 lime

BRUKSANVISNING:
a) Start med rekene ved å marinere og steke dem inn i sirachasausen i 5 minutter.

b) Slå på grillen og stek løken i noen minutter, til den er gjennomstekt.

c) Legg ned hver tortilla og topp med rømme, reker, salat, revet ost, grillet løk og annet krydder.

63. Tilapia Tacos

Gjør: 1 porsjon

INGREDIENSER:
- 1 pund Tilapia fiskefilet
- 2 hvite maistortillas
- ½ avokado i skiver
- ¼ ts olivenolje
- 1 tomat
- 1 hvit løk
- 1 limejuice
- 1 håndfull koriander

BRUKSANVISNING:
a) Inn i en oppvarmet ovn begynn å steke tortillas og tilapia fiskefilet på begge sider, men krydre fisken med litt olivenolje, salt og pepper. Bland tomat, limejuice, løk og krydder i en middels bolle.

b) Legg et fint lag med strimlet fisk over hver tortilla, tilsett blandingen fra bollen, oppskåret avokado, og legg deretter resten av fisken på toppen.

64. Mojito-grillet fisketaco med limeslaw-topping

Gir: 8 porsjoner

INGREDIENSER:
- 8 maistortillas
- 2 ss limejuice
- 2 ss hakkede mynteblader
- 1 pund fast hvit fisk (kveite, snapper eller torsk)
- 1 ss rapsolje
- 1 fersk jalapeno chili
- ½ ts salt og 1 ts sukker
- Limeslaw
- 2 spiseskjeer minst
- ½ kopp lav-fett majones
- 1 ½ kopp strimlet kål
- 1 ss fersk limejuice

BRUKSANVISNING:
a) Begynn å kombinere fisken og marinadeingrediensene sammen, og sett den i kjøleskapet i 3 minutter. Når den er ferdig, tar du ut fisken og begynner å grille den på begge sider, til den blir fin og fast.

b) For å tilberede limeslaw, tilsett kål, majones, limejuice og mynte i en middels bolle, rør alt godt.

c) Legg fisken på hver tortilla, tilsett noen slawskjeer og grønnsaker.

65. Grillet fisketaco med koriandersaus

Gir: 2 porsjoner

INGREDIENSER:
SAUS
- $\frac{1}{4}$ kopp grønn løk og koriander
- 2 $\frac{1}{2}$ ss majones
- 3 ss rømme
- 2 lime (juice)
- $\frac{1}{2}$ ts salt, pepper og 1 fedd hvitløk

FISK
- 2 pund rød snapper biff
- 4 maistortillas
- 2 $\frac{1}{2}$ bokser kål
- 1 ss malt spisskummen og koriander
- $\frac{1}{2}$ ts rød pepper, paprika og hvitløksalt

BRUKSANVISNING:
a) Begynn å kombinere koriandersausingrediensene i en middels bolle, og sett den til side.
b) Til fisken, krydre den med litt hvitløkspulver, spisskummen, paprika, koriander og rød pepper, grill den i 5 minutter på begge sider.
c) Når fisken er ferdig, kutt den på langs og legg den på tortillas, tilsett kålen og 1 ss koriandersaus på toppen.

66. <u>Sunn fisketaco</u>

INGREDIENSER:

- 1 pund hvit flakfisk, for eksempel mahi mahi
- $\frac{1}{4}$ kopp rapsolje
- 1 lime, juicet
- 1 ss ancho chili pulver
- 1 jalapeno, grovhakket
- $\frac{1}{4}$ kopp hakkede friske korianderblader
- 8 mel tortillas
- Strimlet hvitkål
- Varm saus
- Crema eller rømme
- Tynne skiver rødløk
- Tynne skiver grønn løk
- Hakkede korianderblader

BRUKSANVISNING:

a) Forvarm grillen til middels høy. Legg fisken i et fat og tilsett olje, limejuice, jalapeno, ancho og koriander. Bland godt for å belegge fisken og la den marinere i 20 minutter.

b) Fjern fisken fra marinaden og grill den med kjøttsiden ned. Grill i 4 minutter og snu og grill i 30 sekunder til et minutt.

c) La den hvile i 5 minutter før du flasser den med en gaffel.

d) Grill tortillaene i 20 sekunder.

e) Fordel fisken i hver taco og pynt med kål, løk, koriander.

f) Drypp med varm saus og legg til ditt valg av salsa.

67. Cajun reketaco med tomatillosalsa

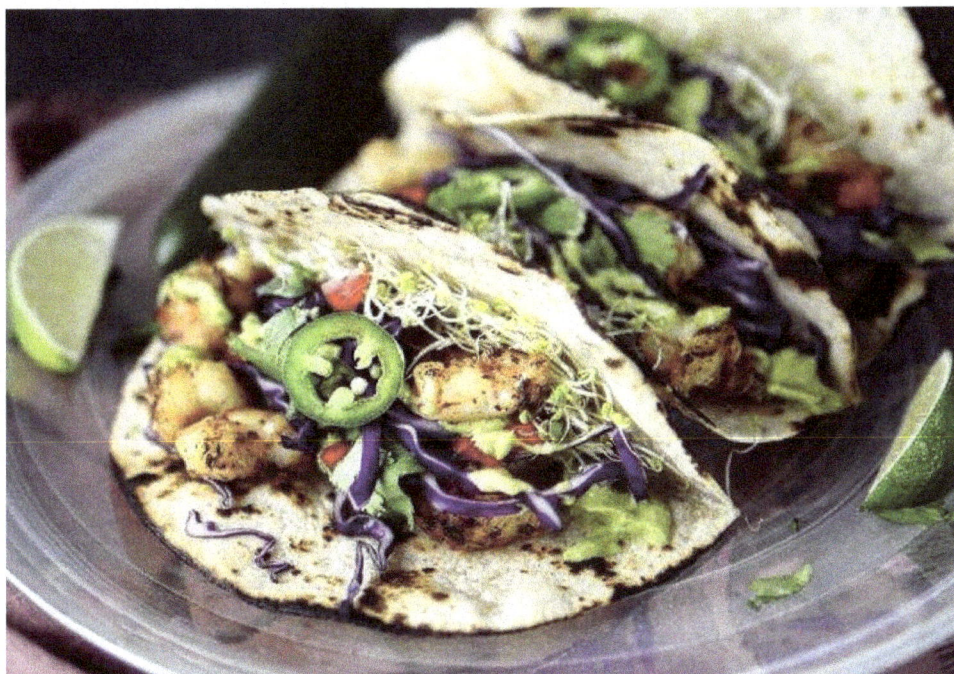

Gir: 8 porsjoner

INGREDIENSER:
- 2 kopper rømme
- 2 ts chilipulver
- ½ ts Cayennepepper
- ¾ pund tomatillos, skall fjernet, skylt, delt i kvarte
- ½ kopp Grovhakket uskrællet grønt eple
- 2 ss Grovhakket fersk basilikum
- 2 ss Grovhakket fersk mynte
- 1½ ts chilipulver
- 1½ ts paprika
- 2 pund Ukokte middels reker, skrellet, deveined
- 2 ss olivenolje
- 1 ss finhakket hvitløk
- 16 Innkjøpte tacoskjell
- 1 stor gjeng brønnkarse, trimmet
- 2 avokadoer, skrellet, uthulet, i terninger

BRUKSANVISNING:
FOR RØMME:
a) Visp alle ingrediensene i en middels bolle for å blande. Smak til med salt.
FOR SALSA:
b) Finhakk tomatillos, eple, basilikum og mynte i foodprosessor.
c) Overfør til en liten bolle. Smak til med salt.
FOR REKER:
d) Kombiner chilipulver og paprika i en stor bolle. Legg til reker; kaste til belegg.

e) La stå i 5 minutter. Varm olje i en stor gryte over høy varme.

f) Tilsett hvitløk og fres til dufter, ca 1 minutt. Legg til reker; sauter til ugjennomsiktig i midten, ca 5 minutter.

g) Smak til med salt og pepper. Overfør til en liten bolle.

h) Forvarm ovnen til 350°F. Plasser tacoskjell på en tung, stor stekeplate. Stek til de er varme, ca 8 minutter. Plasser skjell i en serviettfôret kurv.

i) Anrett halvparten av brønnkarse på fat.

j) Topp med reker. Hakk gjenværende brønnkarse. Legg i en liten bolle.

k) Ha rømme, salsa, avokado og hakket brønnkarse i separate boller.

68. Ceviche taco

Gir: 4 porsjoner

INGREDIENSER:
- 1½ pund Red snapper-fileter; i ½ tommers biter
- Saft av 10 lime
- 1 løk; finhakket
- 1 Jalapeno pepper; frø/finhakket
- 14½ unse kan tomater
- ½ kopp mais kjerner
- ¼ kopp hakket koriander
- 2 ss olivenolje
- 2 ss Catsup
- 1 ss Worcestershire saus
- ½ ts tørket oregano
- Salt; å smake
- 8 maistortillas
- 1 rødløk; tynt kuttet
- 1 avokado; skrelles/skjæres

BRUKSANVISNING:
a) Bland forsiktig fisk og limejuice i en stor glassbolle eller ikke-reaktiv aluminiumsbolle. Dekk til, avkjøl og mariner over natten.

b) Når du fjerner fisk om morgenen, vil den være "gjennomstekt" og trygg å spise.

c) Når du er klar til å servere tacoen, kombinerer du løk, jalapeno, tomater, maiskoriander, olivenolje, catsup, Worcestershiresaus og oregano i en stor glassbolle. Bland godt. Smak til med salt etter smak.

d) Tøm og skyll fisken, tilsett tomatblandingen og bland forsiktig til belegget.

e) Varm tortillas i mikrobølgeovn eller ovn. Legg $\frac{1}{8}$ av fiskeblandingen i tortilla og pynt med rødløk og avokado.

69. Grillet fisketaco med grønn salsa

Gir: 4 porsjoner

INGREDIENSER:
- $3\frac{1}{2}$ kopp finstrimlet rød- eller grønnkål
- $\frac{1}{4}$ kopp hvit destillert eddik
- Salt og pepper
- $\frac{3}{4}$ pund ferske tomatillos
- 2 ss salatolje
- 1 løk, kuttet i $\frac{1}{2}$ tomme skiver
- $1\frac{1}{2}$ pund fiskfilet med fast kjøtt med skinn (lingcod, havabbor)
- 4 Jalapeno chili
- 2 ts limejuice
- $\frac{3}{4}$ kopp friske korianderblader
- 1 fedd hvitløk
- 12 varme mais- eller meltortillas med lite fett (6-7 tommer)
- Rømme med lite fett
- Limekiler

BRUKSANVISNING:
a) Se etter de små grønne tomatillosene med papiraktige skall i noen supermarkeder og matbutikker fra Latino.
b) Bland kål med eddik og 3 ss vann. Tilsett salt og pepper etter smak. Dekk til og avkjøl.
c) Fjern og kast skall fra tomatillos; skyll tomatillos.
d) Tre på spyd. Pensle litt av oljen lett på løkskiver. Skyll fisken og tørk. Pensle fisken med gjenværende olje.
e) Plasser tomatillos, løk og chili på en grill.
f) Kok, snu etter behov, til grønnsakene er brune, 8-10 minutter.

g) Sett til side til avkjøling.

h) Legg fisken på grillen (middels høy varme). Stek, snu en gang, til fisken er ugjennomsiktig, men fortsatt fuktig i den tykkeste delen (kuttet for å prøve), 10-14 minutter.

i) Fjern stilker fra chili; fjerne frø.

j) I en blender eller foodprosessor, bland tomatillos, chili, limejuice, $\frac{1}{4}$ c koriander og hvitløk til en jevn masse. Hakk løk. Tilsett den hakkede løken i salsablandingen, og salt og pepper etter smak.

k) Hell i en liten bolle.

l) For å sette sammen hver taco, fyll en tortilla med litt kålsmak, noen biter av fisk, salsa og rømme. Tilsett en skvis lime, salt og pepper etter smak.

70. <u>Margarita reketaco</u>

Gir: 6 porsjoner

INGREDIENSER:
- 1½ pund Shell-on-reker; ukokt
- ½ kopp tequila
- ½ kopp limejuice
- 1 ts salt
- 1 fedd hakket hvitløksfedd; eller mer etter smak
- 3 ss olivenolje; eller mindre
- 2 ss hakket koriander
- 24 mel tortillas; (6 eller 7 tommer)
- Strimlet salat
- 1 avokado; skiver; eller mer
- Salsa fresca; etter behov
- 1 boks (15 oz) svarte bønner
- 1 boks (10 oz) maiskjerner
- ½ kopp finhakket rødløk
- ¼ kopp olivenolje
- 2 ss limejuice
- ¼ teskje Malt spisskummen
- ¼ teskje oregano
- ¼ teskje salt

BRUKSANVISNING:
a) Skrell og devein reker, behold haler, hvis ønskelig; sette til side. Kombiner tequila, limejuice, salt; hell over reker og mariner ikke mer enn 1 time.

b) Surr finhakket hvitløk i 1 ss olje til den er lysebrun; tilsett reker, kok og rør til ferdig, 2 til 3 minutter. Tilsett olje etter behov.

c) Dryss over koriander og hold varm. For hver taco, brett 2 myke tortillas sammen; fyll med strimlet salat og Black Bean and Corn Relish.

d) Topp med reker, avokadoskiver og salsa.

e) Black Bean and Corn Relish: Skyll og tøm bønner; drener mais,

f) Kombiner bønner og mais med de resterende ingrediensene; avkjøl for å blande smaker.

71. Laksetaco

Gjør: 8 tacos

INGREDIENSER:
- 418 gram hermetisk Alaska laks
- 8 ss Fromage frais
- 50 gram agurk; oppskåret
- ½ ts mynte
- 8 Ferdige tacoskjell
- 100 gram isbergsalat, strimlet
- 3 tomater; hakket
- 50 gram cheddarost, revet
- Oliven, ansjos eller hakket paprika til pynt

BRUKSANVISNING:
a) Forvarm ovnen til 200 C, 400 F, gassmerke 6.

b) Tøm boksen med laks. Flak fisken og sett til side. Bland sammen fromage frais eller gresk yoghurt, agurk og mynte. Sette til side.

c) Varm tacoskjellene i ovnen i 2-3 minutter til de er smidige.

d) Hell salat og tomat i hvert skall, og topp med biter av laks, en skje av agurkblandingen og litt revet ost.

e) Pynt og server umiddelbart.

72. <u>Sjømattaco med maissalsa</u>

Gir: 4 porsjoner

INGREDIENSER:

- 1 pund steinfiskfileter
- 2 lime; juice av
- 2 ts olivenolje
- 8 ferske maistortillas
- 1 kopp mais kjerner; kokt
- 1 middels rødløk; hakket
- 1 kopp hakket agurk med frø
- 2 Jalapeno paprika; hakket, eller etter smak
- $\frac{1}{2}$ haug koriander; hakket
- $\frac{1}{2}$ kopp hakket rød paprika
- $\frac{1}{2}$ ts salt; å smake
- $\frac{1}{2}$ ts pepper; å smake
- 2 lime; juice av
- Salatblader eller strimlet kål; valgfri
- Limekiler; valgfri
- Koriander kvister; valgfri

BRUKSANVISNING:

a) Mariner fisken i limejuice og olivenolje i 30 minutter.

b) Grill fisken på grillen eller stek i ovnen i totalt 10 minutter per tomme tykkelse, ca. 5 minutter per side. Fisken er klar når kjøttet blir ugjennomsiktig i midten.

c) Varm tortillas til de er smidige. Med 2 tortillas halvveis overlappende hverandre, plasser fisken i midten og pynt etter smak. Bruk tannpirkere eller rull i vokset papir for å holde tacoen sammen.

MAISSALSA

d) Kombiner alle ingrediensene i en middels bolle. La stivne 1 time for å blande smaker.

73. Myk taco med rød snapper

Gir: 4 porsjoner

INGREDIENSER:
- $\frac{1}{4}$ kopp olivenolje
- 2 rødløk, halvert og skåret i tynne skiver
- 1 ts salt
- $1\frac{1}{2}$ ts pepper
- 2 ts Finhakket fersk timian
- $1\frac{1}{2}$ pund Red snapper, kuttet i biter
- 1 ts finhakket hvitløk
- 2 ts limejuice
- 2 ts soyasaus
- 2 ts Hakket fersk oregano
- 8 myke maistortillas, varme
- 3 kopper revet salat

BRUKSANVISNING:
a) Varm 2 ss olje over moderat høy varme i en panne til den er varm. Tilsett løk, salt, $\frac{1}{2}$ ts pepper og timian og fres til den er gyllen i fargen.
b) Varm en annen panne over moderat høy varme til den er varm og tilsett de resterende 2 ss olje. Snurr rundt og tilsett snapper.
c) Stek i 2 minutter, snu ofte, tilsett hvitløk, limejuice og soyasaus og fres til væsken nesten er fordampet og snapperen er lett gylden i fargen.
d) Tilsett oregano og resterende pepper og bland for å kombinere. Tilsett løkblandingen og bland godt.
e) Fyll tortillas med salat og topp med snapper og løkblanding.

74. Tacos med fersk frukt

INGREDIENSER:

- Fullkornstortillas (små)
- Vann
- Malt kanel
- Sukker
- Gresk yoghurt (vaniljesmak)
- Ditt valg av frisk frukt (i terninger):
- Jordbær
- Mangoer
- Ananas
- Kiwi

BRUKSANVISNING:

a) Forvarm ovnen til 325°F.

b) Kutt små sirkler av fullkornstortillaene (ca. 2 stk per liten tortilla) med en rund kakeform av plast.

c) Legg disse små tortillaene på en bakeplate. Ha vann i en liten bolle; Dekk oversiden av tortillaene lett med vann, med en tråklebørste.

d) Bland en liten mengde malt kanel og sukker i en bolle; dryss de fuktige tortillaene med kanel- og sukkerblandingen.

e) Bruk en tang, draperer hver tortilla individuelt over risten i brødristeren, slik at sidene av tortillaen faller mellom to metallstenger på stativet.

f) Stek ca. 5–7 minutter, sjekk tortillaene med jevne mellomrom.

g) Bruk en tang, løft tortillaene av stativet og overfør dem til et avkjølingsstativ; tortillas bør forbli i denne opp-ned-posisjonen for å avkjøles, som er det siste trinnet i å danne taco-formen.

h) Overfør de avkjølte tacoskjellene til en tallerken og legg en klatt gresk vaniljeyoghurt i tortillaskallet; bruk en skje til å jevne og dekke bunnen og sidene av skallet.

i) Hell favorittfrukten din i skallet, og nyt!

75. Fruktfylt kakao-taco med lite fett

Gir: 6 porsjoner

INGREDIENSER:
- $\frac{1}{4}$ kopp mel
- $\frac{1}{4}$ kopp sukker
- 1 ss Bakekakao
- 2 ss 2% melk
- 2 ss Olje
- 1 eggehvite
- 1 ts vaniljeekstrakt
- Salt etter smak
- 8 gram med fruktsmak med lav fett yoghurt
- 4 Kiwi frukt; skrelt, skåret i skiver
- 6 store jordbær; oppskåret
- 8 gram Mango coulis
- 1 unse bringebærsaus
- 1 halvliter friske bringebær
- 6 kvister fersk mynte

BRUKSANVISNING:
a) Kombiner de første 8 ingrediensene i bollen; pisk til glatt. Avkjøl, tildekket, i 2 timer.
b) Plasser 3 spiseskjeer om gangen i oppvarmet nonstick 8-tommers panne over middels varme. Kok i 2 minutter eller til røren ser tørr ut; sving. Kok i 1 minutt lenger. Fjern og draperer over rist; avkjøl i 15 til 20 minutter.
c) Fordel yoghurt over halvparten av hvert bakt skall. Bytt om 5 skiver kiwi og 5 skiver jordbær på yoghurt. Brett skjellene til taco.
d) Fordel mangocoulis i 3x4-tommers ovaler på nederste halvdeler av 6 tallerkener.

e) Rør bringebærsaus i 2 striper på tvers av coulis. Snurr gjennom sauser med kniv.

f) Legg 1 taco ved siden av coulis på hver tallerken. Pynt hver tallerken med bringebær og mynte.

76. Kokosfrukt tacos

Gir: 6 porsjoner

INGREDIENSER:
- ⅓ kopp bakt kokosnøtt
- 1 kopp jordbær, i skiver
- ½ kopp grønne druer uten frø, halvert
- 1 middels eple, skrellet, kjernet ut og hakket
- 1 liten banan, i skiver
- 2 ss hellbar frukt, hvilken som helst smak
- 6 tacoskjell
- ⅓ kopp vaniljeyoghurt

BRUKSANVISNING:
a) Fordel kokos på bakepapir.

b) Rist i 350 F ovn i 7 til 12 minutter, rør ofte.

c) I mellomtiden, i en middels bolle, rør sammen jordbær, druer, eple, banan og hellbar frukt.

d) Fyll tacoskjell jevnt med frukt.

e) Topp fylte taco jevnt med yoghurt.

f) Dryss over ristet kokos.

77. Stekt ananas & appelsin taco med revet sjokolade

Gir: 6 porsjoner

INGREDIENSER:
- $\frac{1}{2}$ middels ananas; skrelles, kjernekjernes, kuttes i 1
- 2 appelsiner; skrellet, frøet, skåret i skiver
- 2 ss mørk brunt sukker
- 4 ss smør
- $1\frac{1}{2}$ ss konditorsukker
- 6 Mais- eller meltortillas
- $1\frac{1}{2}$ kopp kraftig (piskende) krem
- $\frac{1}{2}$ kopp strimlede friske mynteblader
- 2 gram bittersøt sjokolade; fint revet

BRUKSANVISNING:
a) Legg ananas- og appelsinbitene i en stor, ikke-reaktiv stekepanne. Dryss over brunt sukker.

b) Kok over middels høy varme til de begynner å bli brune, ca 3 minutter.

c) Snu og stek på den andre siden til væsken fordamper og bitene er brune, 2 til 3 minutter til.

d) Fjern og sett til side.

e) Ha 1 ss smør og $\frac{1}{2}$ ss konditorsukker i en stekepanne som er stor nok til å romme en tortilla.

f) Sett på middels høy varme til smør og sukker smelter. Røre.

g) Tilsett en tortilla og stek i 30 sekunder.

h) Snu og stek på den andre siden til den er brun og litt sprø, 30 til 45 sekunder til. Fjerne.

i) Fortsett med de resterende tortillaene, tilsett mer smør og sukker i pannen etter behov.

j) For å sette sammen, pisk kremen til det dannes myke topper. Fordel omtrent ⅓ kopp av ananas-appelsinblandingen i midten av en sukkerbelagt tortilla.

k) Topp med kremfløte, mynteblader og et dryss revet sjokolade. Brett og server.

78. <u>Fisketaco for barn</u>

Gjør: 1 porsjon

INGREDIENSER:
- Frosne panerte fiskepinner
- Taco saus
- Salat
- Tomat, i terninger
- Cheddarost, revet
- Rømme
- Tacoskjell

BRUKSANVISNING:
a) Kok fiskepinnene etter anvisning på pakken.
b) Når den er tilberedt, legg en fiskepinne i hver taco.
c) Tilsett de ulike påleggene og server umiddelbart.

79. Taco iskrem

Gir: 6 porsjoner

INGREDIENSER:

- 2 ss sukker
- ½ ts malt kanel
- 1½ ss smør, smeltet
- 8 (5 tommer) tacoskjell
- 1 liter iskrem, hvilken som helst smak

BRUKSANVISNING:

a) Kombiner sukker og kanel i en kopp. Sette til side. Pensle lett smør på innsiden av hvert tacoskall. dryss med sukkerblanding, sett til side. Fjern lokket fra iskremkartongen.

b) Fjern isen og legg på et skjærebrett.

c) Skjær i fire skiver. Skjær hver skive i to. Legg hver halvdel i et forberedt tacoskall. Ordne iskrem taco's i en 13x9x2 tommers stekepanne.

d) Dekk godt med plastfolie eller folie og frys.

e) Ved servering overfører du tacoen til et fat.

f) Server med et utvalg av pålegg som jordbær i skiver, blåbær, pisket krem, hakkede nøtter, ristet kokos, sjokolade eller karamellsaus.

80. <u>Crunchy kikert-taco</u>

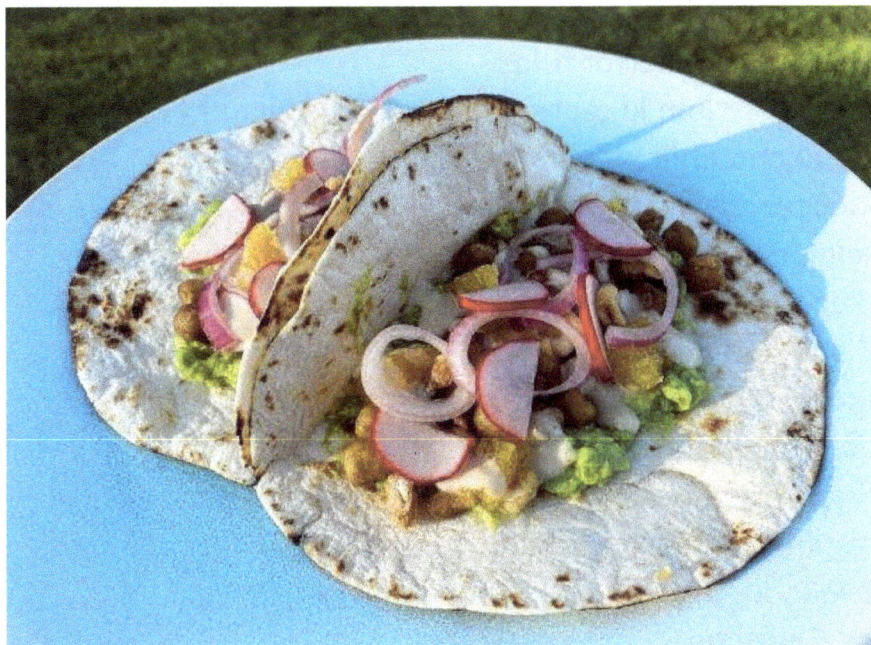

Gjør: 6 tacos

INGREDIENSER:
- 6 mais- eller meltortillas
- En 15-unse kan kikerter, skyllet og drenert
- $\frac{1}{2}$ ts ancho chili pulver
- 3 kopper strimlet grønnkål
- 1 kopp revet gulrot
- $\frac{1}{2}$ kopp rødløk i tynne skiver
- $\frac{1}{2}$ kopp poblano pepper med frø og små terninger
- $\frac{1}{2}$ kopp skivet grønn løk
- $\frac{1}{4}$ kopp hakket fersk koriander
- $\frac{1}{4}$ kopp Tofu Cashew Majones 1 porsjon
- 2 ss limejuice $\frac{1}{4}$ ts havsalt
- 1 avokado, uthulet og skåret i skiver
- 1 ss Sriracha

BRUKSANVISNING:
a) Forvarm ovnen til 375°F.

b) Form tortillaene ved å legge dem i en ildfast ovnssikker bolle og steke dem i ovnen til de er sprø, 5–10 minutter.

c) Knus kikertene i en stor miksebolle med en gaffel og dryss over chilipulveret.

d) Tilsett kål, gulrot, rødløk, poblano pepper, grønn løk, koriander, majones og limejuice.

e) Bland grundig, tilsett salt til slutt.

f) Fordel salatblandingen mellom tacobollene og topp med avokado i skiver. Legg til Sriracha hvis du liker tacos krydret.

81. Tempeh taco

Gir: 3 til 4 porsjoner

INGREDIENSER:
- Olje, til panne
- 1 pakke (8 unser) tempeh
- $1\frac{3}{4}$ kopper usøtet rismelk
- 1 ss dijonsennep
- 1 ss soyasaus eller tamari
- $\frac{1}{2}$ ts paprika
- 2 ss dulse flak
- 1 ss næringsgjær
- $\frac{1}{4}$ kopp maismel
- 13.kopp panko-stil brødsmuler
- 1 ss pilrot Maistortillas, til taco
- 1 avokado, i skiver

BRUKSANVISNING:
a) Forvarm ovnen til 350 grader F. Spray en bakeplate med olje. Skjær tempeh i 2-tommers lange og $\frac{1}{2}$-tommers tykke biter. Visp sammen våte ingredienser og sett til side.

b) Ha tørre ingredienser i en foodprosessor og kjør et par ganger til blandingen er et fint mel. Legg i en liten bolle. Vend hvert stykke tempeh i rismelkblandingen, og bland deretter med brødsmuleblanding.

c) Legg på bakepapir i tre rader omtrent en tomme fra hverandre. Spray olje på toppen av bitene, og stek deretter i 15 minutter. Vend og stek ytterligere 15 minutter.

d) Server umiddelbart i maistortilla med avokado i skiver og mango-ferskensalsa.

82. <u>Sjampinjongtaco med Chipotlekrem</u>

Gjør: 4

INGREDIENSER:
- 1 middels rødløk, i tynne skiver
- 1 stor portobellosopp, kuttet i $\frac{1}{2}$-tommers terninger
- 6 fedd hvitløk, finhakket
- Havsalt etter smak
- 12 6-tommers maistortillas
- 1 kopp Chipotle fløtesaus
- 2 kopper strimlet romainesalat
- $\frac{1}{2}$ kopp hakket fersk koriander

BRUKSANVISNING:
a) Varm en stor stekepanne over middels høy varme.
b) Tilsett rødløk og portobellosopp, og stek i 4 til 5 minutter.
c) Tilsett vann 1 til 2 spiseskjeer om gangen for å forhindre at løken og soppene fester seg.
d) Tilsett hvitløken og stek i 1 minutt. Smak til med salt.
e) Mens soppen koker, tilsett 4 tortillas i en nonstick-gryte og varm dem i noen minutter til de mykner.
f) Snu dem og varm opp i 2 minutter til. Fjerne

83. Tacos med linser, grønnkål og quinoa

Gir: 8 porsjoner

INGREDIENSER:
FYLLING
- 3 kopper quinoa, kokt (1 kopp tørr)
- 1 kopp linser, kokte (½ kopp tørre)
- Ett parti tacokrydder
- 1 ss kokosolje
- 3 store blader grønnkål, stilker fjernet, hakket
- Blåmais tacoskjell

TOPPING
- 2 avokadoer, uthulet, skrellet og skåret i skiver
- Friske korianderblader Friske limekiler

BRUKSANVISNING:
a) I en stor gryte oppvarmet til middels, brett sammen kokt quinoa, linser, tacokrydder, kokosolje og grønnkål. Rør godt i 3-5 minutter til varmen visner bladene.

b) Rist tacoskjell på en bakeplate med bakepapir i henhold til produsentens instruksjoner.

c) Fyll skjell med fyll, topp med avokado, koriander og en skvis lime. Serveres varm.

84. <u>Mais Salsa Topped Black Bean Tacos</u>

Gjør: 4

INGREDIENSER:
- Matlaging Olivenolje
- 2 fedd hvitløk
- 2 ½ kopper svarte bønner, skyllet og drenert
- ¼ kopp havre
- ¼ kopp maismel
- 1 ss rød chilipulver
- 1 ts kosher salt, delt
- ½ ts sort pepper (kvernet og delt)
- 8 maistortillas (små)
- 1 kopp mais, tint hvis frossen
- 1 rød paprika (middels, hakket)
- 1 grønn chili (liten, i terninger)
- 2 løkløk (hakket)
- 2 lime (saftet)
- ¼ kopp fersk koriander (hakket)

BRUKSANVISNING:
a) Forvarm ovnen til 400°F og spray matolje på en bakeplate.

b) Tilsett hakket hvitløk i en prosessmaskin med bønner, havre, chili og maismel. Tilsett salt og pepper før du bearbeider blandingen.

c) Forbered et stekebrett og fordel blandingen på det. Sørg for å spraye den med matolje før du steker blandingen i 20 til 30 minutter.

d) før du sprayer den med mer matolje og fortsett å bake. Dette bidrar til å sikre at hele blandingen stekes jevnt.

e) Når den er bakt tar du ut bønneblandingen i en bolle og blander den godt sammen med mais, paprika, chili og løk.

f) Tortillaene skal pakkes inn i folie og varmes i ovnen i 5 minutter.

g) Fordel bønneblandingen på tortillaene og server med maissalsa og koriandertopping.

85. Grillet Haloumi Tacos

Gjør: 4

INGREDIENSER:
- Oliven olje
- 2 avskallede korn
- Kosher salt
- Svart pepper
- 1 liten rødløk i skiver
- ½ kg halloumi, skåret i tykke skiver
- 8 maistortillas

BRUKSANVISNING:
a) Forbered grillen ved å sette den på middels høy varme og olje ristene grundig.

b) Pensle lett over maisskallene med olje og krydre det samme med salt og pepper. Kast løkringene med olje, salt og pepper. Grill begge ingrediensene, 10-15 minutter for mais og 4 minutter for løk, vend ofte for å være sikker på at den er mør og flekkete.

c) Når maisen er avkjølt, kutt kjernene fra kolbene og legg dem i en middels bolle.

d) Pensle osten med litt olje, og etter å ha krydret med litt salt og pepper, grill den en gang på hver side for å bli forkullet og varm.

e) Varm tortillaene i mikrobølgeovnen eller på en kjøligere del av grillen for å myke den.

f) Fordel osten mellom tortillaene, topp dem med løk, mais, avokado, koriander, salsa og lime.

86. Den enkle veganske tacoen

Gjør: 1

INGREDIENSER:
- 2 hvete tacos
- ½ kopp svarte bønner
- 1 avokado, i skiver
- 2 cherrytomater, delt i kvarte
- 1 løk, hakket
- Frisk persille
- Lime juice
- 1 ss oliven
- olje
- Salt
- Ditt valg av varm saus

BRUKSANVISNING:
a) Varm opp tacoen for å varme den godt.
b) Plasser alle ingrediensene på tacoen i hvilken som helst rekkefølge du vil. Du kan også varme opp alle grønnsakene i en middels stekepanne.
c) Bare varm opp oljen, tilsett løk, bønner og cherrytomater og strø litt salt over det hele.
d) Fjern etter ett minutt med konstant omrøring.
e) Server tacoen, drysset med litt persille, avokado i skiver, en skvett limejuice og den varme chilisausen til å dyppe i.

87. Bønner og grillet mais taco

Gjør: 2

INGREDIENSER:
- 2 mais tacos
- ½ kopp svarte bønner
- Grillet maiskolber
- 1 avokado, i skiver
- 2 cherrytomater, delt i kvarte
- 1 liten løk, hakket
- Frisk persille
- ¼ teskje spisskummen
- Salt
- Nykvernet sort pepper
- 1 ss olje til grilling

BRUKSANVISNING:
a) Forbered grillen ved å sette den på middels høy varme og olje ristene grundig.

b) Pensle lett over maisskallene med olje og krydre det samme med salt og pepper. Grill maisen i 10-15 minutter og snu ofte for å være sikker på at den er mør og forkullet i flekker.

c) Når maisen er avkjølt, kutt kjernene fra kolbene og legg dem i en middels bolle.

d) Bland med svarte bønner, avokado i skiver, cherrytomater, hakket løk, fersk persille og smak til med salt, sort pepper og spisskummen. Klem ut litt frisk lime for en syrlig fylling.

e) Legg på tacoen og nyt med en dukkert etter eget valg.

89. Seig valnøtt-taco

Gjør: 4

INGREDIENSER:
TACO KJØTT
- 1 kopp rå valnøtter
- 1 ss gjærflak
- 1 spiseskje tamari
- $\frac{1}{2}$ ts malt spisskummen
- $\frac{1}{4}$ ts chipotle pepper pulver
- 1 ts chili

FYLLING
- 1 Hass avokado
- 1 Roma tomat, finhakket
- 6 ss røkt cashewostdip
- 4 store salatblader

BRUKSANVISNING:
TACO KJØTT
a) Ha valnøtter, næringsgjær, tamari, chilipulver, spisskummen og chipotle-chilipulver i en foodprosessor og puré til blandingen minner om grove smuler.

FYLLING
b) For pålegg, legg avokadoen i en liten bolle og mos med en gaffel til den er jevn. Rør inn tomaten.

c) For å sette sammen hver taco, legg et salatblad på et skjærebrett med ribbesiden opp. Plasser $\frac{1}{4}$ kopp Walnut Taco Meat i midten av arket.

d) Topp med $1\frac{1}{2}$ ss av cashewostdippen og en fjerdedel av avokadoblandingen.

90. Seitan Tacos

Gjør: 4 tacos

INGREDIENSER:
- 2 ss olivenolje
- 12 gram seitan
- 2 ss soyasaus
- 11/2 ts chilipulver
- 1/4 ts malt spisskummen
- 1/4 ts hvitløkspulver
- 12 (6-tommers) myke maistortillas
- 1 moden Hass avokado
- Strimlet romainesalat
- 1 kopp tomatsalsa

BRUKSANVISNING:
a) Varm oljen over middels varme i en stor panne. Tilsett seitanen og kok til den er brun, ca 10 minutter. Dryss over soyasaus, chilipulver, spisskummen og hvitløkspulver, rør for å dekke. Fjern fra varme.
b) Forvarm ovnen til 225°F. I en middels stekepanne, varm tortillaene over middels varme og legg dem på en varmebestandig tallerken. Dekk til med folie og sett dem i ovnen for å holde dem myke og varme.
c) Hell og skrell avokadoen og skjær i 1/4-tommers skiver.
d) Ordne tacofyllet, avokadoen og salaten på et fat og server sammen med de varme tortillaene, salsaen og eventuelt tilleggspålegg.

91. Fantastisk tofu taco

Gir: 6 porsjoner

INGREDIENSER:
- 1 pund fast tofu; kuttet i $\frac{1}{2}$ tommers terninger
- 2 ss rødt chilepulver
- $\frac{1}{4}$ kopp vegetarisk worcestershiresaus
- Matlagingsspray
- $\frac{1}{2}$ rødløk; hakket
- $\frac{1}{4}$ kopp hakket koriander
- 1 kopp revet rødkål
- 1 boks Vegetarisk refried svarte bønner
- 12 meltortillas
- Salsa

BRUKSANVISNING:
a) I en stor bolle, bland forsiktig tofu med chilipulver og Worcestershiresaus. La stå i minst en time. Forvarm ovnen til 400 F. Spray lett en bakeplate med matlagingsspray. Legg tofu jevnt over den.

b) Spray lett toppen av tofuen og stek i ca 20 minutter til tofuen er brun og litt sprø. Ta ut av ovnen og la avkjøles litt. I en middels bolle kombinerer du løk, koriander og kål.

c) Fordel tortillas over 2 til 3 bakeplater slik at de knapt overlapper hverandre.

d) Smør midten av hver med ca. $1\frac{1}{2}$ ss bønner og sett i ovnen i ca. 10 minutter, til tortillaene begynner å bli brune og bønnene er varme.

e) Plasser like mengder tofu i midten av hver tortilla.

f) Topp med løk-kål-korianderblanding, brett i to og legg på et serveringsfat. Server med salsa om ønskelig.

92. <u>Rajas med Crema Tacos</u>

INGREDIENSER:
FYLLING:
- 5 Poblano paprika, stekt, skrellet, frø, kuttet i strimler
- ¼ vann
- 1 løk, hvit, stor, i tynne skiver
- 2 fedd hvitløk, finhakket
- ½ kopp grønnsakskraft eller buljong

CREMA:
- ½ kopp mandler, rå
- 1 fedd hvitløk
- ¾ kopp vann
- ¼ kopp mandelmelk, usøtet eller vegetabilsk olje
- 1 ss fersk sitronsaft

BRUKSANVISNING:
a) Varm en stor sautépanne til middels varme, tilsett vann. Tilsett løken og svett i 2-3 minutter eller til den er mør og gjennomsiktig.

b) Tilsett hvitløk og ½ kopp grønnsakskraft, dekk til og la dampe.

c) Tilsett Poblano-pepper og la koke i 1 minutt til. Smak til med salt og pepper. Fjern fra varmen og la avkjøles litt.

d) Ha mandler, hvitløk, vann, mandelmelk og sitronsaft i blenderen og kjør til den er jevn. Smak til med salt og pepper.

e) Hell mandelcremaen over det avkjølte fyllet og bland godt.

93. Søtpotet og gulrot Tinga Tacos

INGREDIENSER:
- $\frac{1}{4}$ kopp vann
- 1 kopp hvitløk i tynne skiver
- 3 fedd hvitløk, finhakket
- 2 $\frac{1}{2}$ kopper revet søtpotet
- 1 kopp revet gulrot
- 1 boks (14 gram) tomater i terninger
- 1 ts meksikansk oregano
- 2 Chipotle paprika i adobo
- $\frac{1}{2}$ kopp grønnsakskraft
- 1 avokado, i skiver
- 8 tortillas

BRUKSANVISNING:
a) I en stor sautépanne over middels varme, tilsett vann og løk, stek i 3-4 minutter til løken er gjennomsiktig og myk. Tilsett hvitløken og fortsett å steke under omrøring i 1 minutt.

b) Tilsett søtpotet og gulrot i pannen og kok i 5 minutter mens du rører ofte.

SAUS:
c) Plasser terninger av tomater, grønnsakskraft, oregano og chipotle-pepper i blenderen og kjør til den er jevn.

d) Tilsett chipotle-tomatsaus i pannen og kok i 10-12 minutter, rør av og til, til søtpotet og gulrot er gjennomkokt. Tilsett eventuelt mer grønnsakskraft i pannen.

e) Server på varme tortillas og topp med avokadoskiver.

94. Potet og Chorizo Taco

Gir: 4 porsjoner

INGREDIENSER:
- 1 ss vegetabilsk olje, valgfritt
- 1 kopp løk, hvit, finhakket
- 3 kopper poteter, skrelt, i terninger
- 1 kopp vegansk chorizo, kokt
- 12 tortillas
- 1 kopp Din favorittsalsa

BRUKSANVISNING:
a) Varm 1 ss olje i en stor sautépanne på middels lav varme. Tilsett løk og stek til den er myk og gjennomsiktig, ca 10 minutter.

b) Mens løken koker, legg de kuttede potetene i en liten kjele med saltet vann. Kok opp vannet ved høy varme. Senk varmen til middels og la potetene koke i 5 minutter.

c) Tøm potetene og legg dem i pannen med løken. Skru opp varmen til middels høy. Stek poteter og løk i 5 minutter eller til potetene begynner å bli brune. Tilsett mer olje om nødvendig.

d) Tilsett kokt chorizo i pannen og bland godt. Kok i ett minutt til.

e) Smak til med salt og pepper.

f) Server med varme tortillaer og salsa etter eget valg.

95. Sommer Calabacitas Tacos

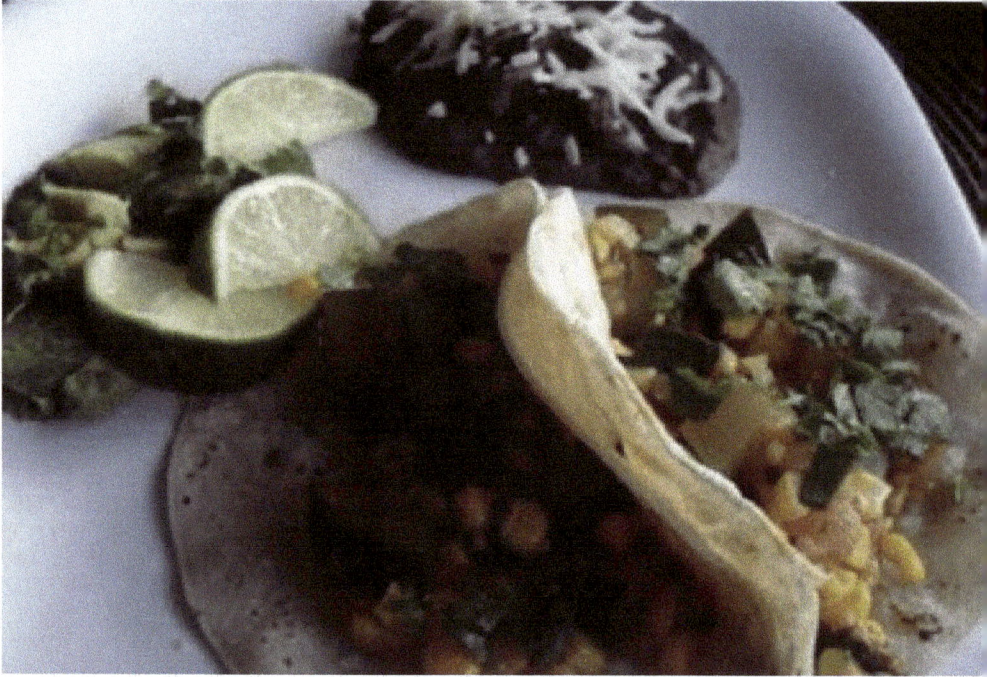

Gir: 4 porsjoner

INGREDIENSER:
- $\frac{1}{2}$ kopp grønnsaksbuljong
- 1 kopp løk, hvit, finhakket
- 3 fedd hvitløk, finhakket
- $\frac{1}{4}$ kopp grønnsakskraft eller vann
- 2 Zucchini, store, kuttet i terninger
- 2 kopper tomat, i terninger
- 10 tortillas
- 1 avokado, i skiver
- 1 kopp favorittsalsa

BRUKSANVISNING:
a) Sett til middels varme i en stor gryte med tung bunn; svett løken i $\frac{1}{4}$ kopp grønnsaksbuljong i 2 til 3 minutter til løken er gjennomsiktig.

b) Tilsett hvitløk og hell i resterende $\frac{1}{4}$ kopp grønnsaksbuljong, dekk til og la dampe.

c) Avdekke, tilsett zucchini og kok i 3-4 minutter, til den begynner å bli myk.

d) Tilsett tomat og kok i 5 minutter til, eller til alle grønnsakene er møre.

e) Smak til, og server på varme tortillas med avokadoskiver og salsa.

96. Spicy Zucchini og Black Bean Tacos

Gir: 4 porsjoner

INGREDIENSER:
- 1 ss vegetabilsk olje, valgfritt
- ½ hvitløk, i tynne skiver
- 3 fedd hvitløk, finhakket
- 2 meksikanske zucchini, store, i terninger
- 1 boks (14,5 unser) svarte bønner, drenert

CHILE DE ARBOL-SAUS:
- 2 - 4 Chile de Arbol, tørket
- 1 kopp mandler, rå
- ½ løk, hvit, stor
- 3 fedd hvitløk, uskrellet
- 1 ½ kopper grønnsakskraft, varm

BRUKSANVISNING:
a) Varm vegetabilsk olje til middels varme i en stor sautépanne. Tilsett løk og svett i 2-3 minutter eller til løken er mør og gjennomsiktig.

b) Tilsett hvitløksfeddene og stek i 1 minutt.

c) Tilsett zucchinien og kok til den er mør, ca 3-4 minutter. Tilsett de sorte bønnene og bland godt. La koke i 1 minutt til. Smak til med salt og pepper.

d) For å lage sausen: varm opp en takke, eller støpejernspanne til middels høy varme. Rist chili på hver side til den er lett ristet, ca 30 sekunder på hver side. Fjern fra pannen og sett til side.

e) Tilsett mandlene i pannen og rist til de er gylne, ca 2 minutter. Fjern fra pannen og sett til side.

f) Rist løken og hvitløken til den er litt forkullet, ca 4 minutter på hver side.

g) Ha mandler, løk, hvitløk og chili i blenderen. Tilsett den varme grønnsakskraften. Bearbeid til glatt. Smak til med salt og pepper. Sausen skal være tykk og kremet.

97. Asparges taco

Gjør: 1 porsjon

INGREDIENSER:
- 4 gule maistortillas
- 16 stykker asparges, grillet
- $\frac{1}{4}$ kopp Monterey jack ost, strimlet
- $\frac{1}{4}$ kopp hvit cheddarost, strimlet
- Salt og pepper
- Olivenolje, til børsting

BRUKSANVISNING:
a) Forbered grillen.
b) For hver taco, fordel $\frac{1}{4}$ av ostene og 4 biter av aspargesen på hver tortilla, smak til med salt og pepper.
c) Brett i to. Pensle utsiden lett med olivenolje.
d) Grill i 3 minutter på hver side eller til tortillaen er sprø og osten har smeltet.

98. **Bønnespirer taco med biff**

Gir: 8 porsjoner

INGREDIENSER:
- 12 gram Fuji bønnespirer
- 16 tacoskjell
- ¼ Salat, strimlet
- ½ pakke Tacokrydderblanding (1,6 oz)
- 2 ss vegetabilsk olje
- 1 tomat, i terninger
- 1 pund kjøttdeig, kokt/avrentet

BRUKSANVISNING:
a) Stek Fuji-bønnespirer i olje over varme i 30 sekunder.

b) Tilsett biff tilberedt i henhold til instruksjonene for tacokrydderblanding.

c) Fjern fra varmen, fyll tacoskjell med ønsket mengde blanding, tilsett tomat, salat og ost.

99. Guacamole bønne taco

Gjør: 1 porsjon

INGREDIENSER:
- 1 pakke Tacoskjell
- 15 gram Refried bønner
- Guacamole
- Hakket løk
- Hakkede tomater
- Revet cheddarost

BRUKSANVISNING:
a) Varm tacoskjell i forvarmet 250 graders ovn til de er gjennomvarme, 5 minutter.

b) Kok refried bønner i en liten kjele på lav varme, rør ofte, til de er gjennomvarmet.

c) for hver taco, skje med 2 avrundede spiseskjeer hver, bønner og guacamole i et tacoskall, dryss over løk, tomat og ost.

d) Kan også tilsette litt hakket salat.

100. Linse taco

Gir: 4 porsjoner

INGREDIENSER:
- 1 kopp løk; hakket
- ½ kopp selleri; hakket
- 1 fedd hvitløk; hakket
- 1 ts olivenolje
- 1 kopp røde linser
- 1 ss chilipulver
- 2 ts Malt spisskummen
- 1 ts tørket oregano
- 2 kopper kyllingkraft; avfettet
- 2 ss rosiner
- 1 kopp mild eller krydret salsa
- 8 maistortillas
- Strimlet salat
- Hakkede tomater

BRUKSANVISNING:
a) I en stor stekepanne over middels varme, surr løk, selleri og hvitløk i oljen i 5 minutter. Rør inn linser, chilipulver, spisskummen og oregano. Kok i 1 minutt. Tilsett kraft og rosiner. Dekk til og kok i 20 minutter, eller til linsene er møre.

b) Ta av lokket og kok, rør ofte, til linsene er tykne, ca 10 minutter. Rør inn salsaen.

c) Pakk tortillaene inn i et fuktig papirhåndkle og stek i mikrobølgeovnen i 1 minutt, eller til de er myke.

d) Fordel linseblandingen mellom tortillaene.

e) Topp med salat og tomater.

KONKLUSJON

Taco er et allsidig og velsmakende måltid som kan nytes av folk i alle aldre. Med sine uendelige muligheter for fyll og pålegg, kan de tilpasses for å passe enhvers smakspreferanser. Fra enkel biff- og ostetaco til mer forseggjorte vegetar- eller sjømatalternativer, det er en tacooppskrift som alle kan nyte. Så neste gang du er i humør for et raskt og tilfredsstillende måltid, bør du vurdere å lage deilig taco og la smaksløkene glede deg.